你的格局，注定你的结局

徐多多◎著

中国出版集团 现代出版社

鸡蛋从外部打破是食物，从内部突破是生命；人生从外部打破是压力，从内部突破是成长。

人与人之间的差距，表面上看是身份和财富的差距，实际上是远见和通透的差距；表面上看是人脉和能力的差距，实际上是胸怀和观念的差距。表面上看都差不太多，但内在却大不相同，后者是你的格局。

当你的能力还配不上舒适的生活时，提前享受安逸就是透支未来生活的福利，只会让你接下来的路越走越艰难。最怕明明是你不思进取，还安慰自己早已淡泊名利。

眼高手低和异想天开是成功的大敌。眼高手低让你脚不沾地，没有建树；异想天开让你故步自封，止步不前。

如果你二十几岁还没有格局意识，没有开始布局自己的内在，你的生活基本就定型了，再难看到更大的世界。

一个人为什么要努力？因为喜欢的东西都很贵，想去的地方都很远，想爱的人都超完美。但你想要的生活不在你的想象里，而在你当下的每一次选择里。

你的眼界决定你的格局，你的格局决定你的结局。

格局不是成长的结果，
它是成长的原因

同样是开车，有的人想着努力把它变成宾利，有的人却是拼命想着省油；

同样是看海，有的人说大海很美，有的人却说它淹死过很多人；

同样是来这人间走一趟，有的人时时勉励自己“不能可有可无地活着”，有的人却总是在嚷嚷“人生不过是重在参与”。

悲观绝望的人，他因为看不见更好的未来而在焦虑中煎熬着；

无力摆脱现状的人，他活着的意义在于为“一块更大的面包”而奔忙着；

漫无目的的人，他的生活日常无非是为“昨天不知道做了什么，今天不知道该做什么，明天不知道想要什么”而消耗着……

人与人之间的差距，表面上看是身份和财富的差距，实际上是远见和通透的差距；表面上看是人脉和能力的差距，实际上是胸怀和观念的差距。表面上看都差不太多，但内在却大不相同，后者是你的格局。

人的格局是从远见、通透、专注度、内驱力和时间观五个维度体现的。

格局是认知力。认知力的高低取决于远见和通透。同一个世界，同一个问题，每个人看到的东西不一样，得出的结论不一样，采取的行动不一样，最终的结果也不一样。

远见是在利益面前保持冷静，在情绪失控前保持克制，在现实的一片狼藉中看到光明的未来，在不如己意的苟且里看到诗意和远方，明白一切的有可能或不可能的假定，最终都有可能被打破。

所见越少，机会越少，越是感受到世界不公，处处是坎；所见越多，机会越多，越是感觉世界处处都是机遇和财富，更加奋进。

世界上最可怜的人，就是空有视力却无远见的人。希望你不是。

活得通透是能坦然面对生命的各种馈赠，也能张开双手迎接各种不幸，不逃避，不怨天尤人；是在看清人生不易之后，依然全心全意投入生活，认真而负责地活；是遵循自己的内心需求，按照自己的步伐活出完整的生命。

活得不通透，你就容易犯怵——或是患得患失，或是自艾自怜，或是小肚鸡肠，或是拿得起放不下。

远见是知其然，通透是知其所以然。远见有余而通透不足会空虚，通透有余而远见不足会狭隘。希望你不会。

格局是专注度。是捂住耳朵做好眼前的事情；是闭上眼睛直逼南墙；是不畏势、不重利、不惜命的匠人精神；是赤裸的激情，而非谋生的名义。一个专注的人，是不会对未来焦虑的。

无法专注，你就没有方向和韧性——或是瞻前顾后，左顾右盼，或是三天打鱼两天晒网。这样的你就算是整日忙碌，也注定一无所获，更别说抓住机会了。

在这个信念感日渐缺失的年代，唯简单笃定，心存目标，方能不乱于心。希望你可以。

格局是内驱力。当周围的人都在混日子的时候，你没有随波逐流；当不公平的事情发生在自己身上的时候，你愿意用能力来证明，而不是用怨恨来应对；当能力还撑不起梦想的时候，你还在继续努力。

那些靠别人的鼓励才能发光的，最多算是个灯泡；而那些能自己发光的人，早晚会变成核心。人若没有内驱力，做什么都是困难重重，去哪里都是一路坎坷。

鸡蛋从外部打破是食物，从内部突破是生命；人生从外部打破是压力，从内部突破是成长。所有的机遇都是在你全力以赴的路上遇到的。希望你能。

格局是时间观。既不允许过往的遗憾来毁掉现在的快乐，也不会放纵当下的自己去毁掉想要的未来，更不会在怀念过去或者憧憬未来中浪费大好时光。

管理好自己的时间，就是管理好自己的生活。在做决定之前，想想三五年后，甚至十年后，会对自己有什么影响，收益如何。加入时间属性，能帮助你更好地做决策。

春天偷的懒，秋天真的很难还。时间是不可存储的资源，在正确的时间做该做的事，你就能少留遗憾。希望你懂。

人若没有高度，看到的都是问题；若没有格局，看到的都是鸡毛蒜皮。能力决定你能打败什么样的对手，而格局却决定你会遇见什么样的对手。

格局不是成长的结果，它是成长的原因。如果你已经很努力，处境却未见改变，问题多半是你的格局太小。十年以后的你，不是十年以后决定的，而是今天的思考决定的。

有格局的人不会和烂事纠缠。因为他们知道，时间久了，自己会被对方拉低到泥潭里。

每个人一生的精力都是非常有限的，欲成大事的人，必须将精力集中起来，心无旁骛才能专心致志。如果把精力和时间都浪费在与烂事、与小人的纠缠上面，必然会对所做的事情产生很大的阻碍。

有格局的人不会盲从、盲信，不会随波逐流，而是有清晰的自我定位。他们目标感强，能洞察事物的本质和发展趋势的变化。他们掌控了生活的主动权，然后坚定地向着自己的目标走下去。

有格局的人早早就为自己的人生布好了局，他们拥有更宽广和开放的心智。如果一个人心中从来没想过到达顶峰，那么他永远不会抵达。锅的大小决定了饼的大小，网的大小决定了所能捕捉猎物的大小，船的大小决定了装载货物的多少。

人的一生中，会经历几次三观被摧毁后再建的过程，每一次重建的规划里，要有大格局意识。

如果你二十几岁还没有格局意识，没有开始布局自己的内在，你的生活基本就定型了，再难看到更大的世界。

你能成为谁，不取决于你现在的年龄、背景、学历，只取决于你想成为谁。不必局限于一时一事的过程完美，要关注的是结局的完美。能为自己的未来布局的人，才能驾驭自己的人生。

努力和辛苦只是成功的最低标配，最终决定你能走多远的是你的格局，你一定要高配。

目录

.. 你的格局，注定你的结局

人与人之间的差距，表面上看是身份和财富的差距，实际上是远见和通透的差距；表面上看是人脉和能力的差距，实际上是胸怀和观念的差距，后者是你的格局。

.. 01

年轻的时候，总会把很多遗憾、失败归因于穷。

就像前一段时间疯狂刷屏的一件事：一个女生买了一件三万五千元的香奈儿上衣，洗后掉色了，便打电话问客服。

客服说："我们的产品设计根本就没考虑到洗涤的情况。"言下之意，就是说穿几次肯定要扔掉了。

网上一片哗然，难道真的是贫穷限制了我们的想象力了吗？

限制一个人想象力的，是见识与思维方式。人与人的差距本质上是格局的差距，格局决定了人生的高度和广度。

朋友的姐姐刘姐这些年省吃俭用，终于攒够钱买了房子。

新房子需要装修，通过我的牵线搭桥，找到了我表姐公司的设计师 Evan 谈装修事宜。因为有我表姐的这层关系，Evan 很快安排人量尺、做设计，并给了她一个友情价。

刘姐一看装修报价，觉得价格太高了。抱着菜市场买菜的心态，不停地砍价、砍价，Evan 哭笑不得，没办法，又给了一些折扣。

结果，刘姐还嫌贵，收了设计图却拒绝支付设计费，害得我成了替罪羊，帮她付了设计费。刘姐还不领情，跑去 Evan 那边恶人先告状，说我吃了回扣，我真的是哑巴吃黄连，有苦说不出。

这桩买卖算是黄了。我跟 Evan 说了这件事，Evan 说："这个人也太小家子气了，就算给她免费装修，到头来她依然会觉得是骗局。她也就这几千块钱的格局，不信你就等着瞧吧！"

果然，不出半年，朋友告诉我刘姐图便宜，花了几万块钱找了一家无证公司装修，地板铺得像丘陵一样，洗手间像瀑布一样，让她后悔不已。

人生哪里用得着什么大浪淘沙，几千块钱就能测量出人的心胸，就能看出一个人十年后的模样。

爱占便宜的人，往往只注重眼前的利益，小到日常事务、人际交往，大到人生高度、事业的发展。

穷人最大的悲哀不是没钱，而是没远见和胸怀。缺钱只是表象，短视、浅陋才是根源。

对金钱的执念，正在毁掉我们这一代人的远见。人一旦把钱看得特别重，就容易暴露出短浅，看不清长远，成不了大事。

钱并非不重要，但也不是唯一重要的。如果你看不见好的平台、机会和更大的成长空间，满脑子想的只有眼下能赚多少钱，如此短视，你的前途真是堪忧啊。

心穷的人有两个非常典型的心态：第一，永远对机会说“不”；第二，总想“一夜暴富”。

记得也是一个关于装修的事情，某电视节目组出资给一户居住面积只有三十几平方米、三代同堂的人家改造居住环境。节目组很用心，请了专业人士帮这家人全方位的改造，改造后果然让人眼前一亮，原本脏乱差的家大变样，看起来特别温馨。这家人自己也很惊讶，说从来没想到自己的家也能这么干净整洁。

没过多久，节目组回访，眼前景象却有点儿惨不忍睹：东西随意摆放、毫无章法，到处布满了灰尘，又回到了当初脏乱差的样子。屋主人说他每天忙着生计，根本没时间打扫和清理。

心穷则盲。当一个人心穷的时候，根本做不到高瞻远瞩，并不是说他们缺乏智力，而是他们往往没有多余的时间、精力为长远却有益的决策做出短暂的牺牲。

“上班那么累，回到家只想洗个澡、追个剧，然后睡觉，哪有时间看书、健身？”

“这个月缴了房租、还了信用卡，哪有闲钱报班学外语？”

“世界那么大，我也想去看看，但是出行太麻烦。”

……

有的人一辈子受困于眼前那些小事，上下眼皮直打架，就是看不到未来的变化和收获。

心盲就像一堵墙，挡住了自己的目光。别人从墙那边告诉他，越过墙，前面一片光明和辽阔，他却指着别人鼻子反驳：“你先把这堵墙拆了，不然你就是骗子，想骗我从墙上摔下去，没门儿。”

这样的人，无论是物质上还是精神上，都注定是穷命。

真正摧毁一个人的从来不是贫穷，而是再也不相信美好可以发生在自己身上。

困住一个人的也并非他的出身、容貌或者财富，而是观念。人不怕穷，也不怕怂，怕的是没有格局。

.. 02

对超越了你的理解能力的东西保持敬畏就是智慧。

当你没有见过最好的，你会常常误以为自己所拥有的就是最好的，将自己禁锢在小小的世界里，看不到世界之大。换句话说，见识少的人，很难感受到外面世界的精彩。

有一次和公司一位领导出差，在一家五星级酒店吃自助餐。

领导说，他住过很多酒店，最怀念的还是年轻时候住过的五十块钱的小旅馆。那是一个南方的水乡之城，早餐旅馆提供的小米粥特别好喝，至今难忘。

说这句话的时候，领导正好把一块煎得七分熟的牛排放进嘴里。

我当时有点儿好奇，据我所知，领导酷爱品红酒，而且无论多贵的酒，他尝一口就能准确说出年份、产地和窑龄。

让我好奇的原因还在于，这样一个身居高位的人，居然会怀念五十块钱的简陋旅馆。原来不止是有五星级酒店、头等舱和爱马仕的生活才是最好的生活。

后来我得知，这位领导虽身价不菲，却偏爱生活的简单与纯朴，山珍海味能吃，五块钱一碗的鸭血粉丝汤也爱喝；宝马奔驰能坐，共享单车也能骑。

短视的人，信心时有时无，若有若无，或是时过境迁，就淡忘了，或是有求不应，就怀疑了。

见过大世面的人，会讲究，能将就，能享受最好的，也能承受最坏的，他们会在人群中散发出不一样的气质，温和又有力量，谦卑又有胸怀。

一个人去过多少地方，见过多少人，经历过多少事，决定了他思维的宽度和内心的包容程度。

如果你去过西藏，你会对生死有不同的看法；如果你从欧洲游历一圈儿，你不会以为失去一个前男友就失去了整个世界；如果你在美国住上一段时间，你就不再有狂热的西方崇拜。

懂得葡萄酒的产地和窑龄，看得出普洱的好坏和年份，说得出莫奈和凡·高的区别，不是为了显摆你的阅历，而是在任何时候，你都不会大惊小怪。

一项调查显示，很多人在中了彩票大奖之后，他们的命运并没有因此改变。一夜暴富并不全是幸运，对一些人来说那会是一场灾难，因为他们驾驭不了那样一笔财富。

巨额奖金的确可以让他们过上富裕的生活，但是他们很快就会把钱挥霍殆尽，重回原来穷困潦倒的日子，有人甚至因此丧命。

成功来得太早，有时会令人不知所措，命运突然的犒赏也会砸出一个人的无穷欲望。他们的生活虽然脱离了贫穷，但是内心还在贫穷的牢笼里禁锢着。

如果不去有意识地刷新认知，打开眼界，探求事物背后的真相，你永远不知道你是怎么输的。如果你从没有过“原来还可以这样”的感叹，可能是因为你一直囿于原有的世界和圈子里，不知不觉。

泡夜店、文身、买醉这些事看似很酷，其实一点难度都没有，只要你愿意去做就能做到。更酷的应该是那些不容易做到的，比如读书、健身、做义工和几个坚持多年的高雅爱好，这些在常人眼里无趣且难以坚持的事情。

这样的事听起来很简单，却不容易做到。因为它考验的是一个人的心性、眼界和价值观，是一个人靠谱的证明。

.. O3

最近小爽公司的一位部门经理辞职了，连累小爽损失了一笔钱。

小爽是公司出纳，负责财务和档案管理。公司营业部经理因为想自己创业提出离职，那个经理在公司干了几年。公司见他经验丰富，想挽留他，也承诺给他升职加薪，但他铁了心要走。

在最后几天做工作交接时，他明显很不上心，提交的数据屡屡出错，对交接的同事也很不耐烦。

由于他之前参加了一个技术培训，公司和他签订协议约定，由公司为他提供培训费，而他必须为公司继续服务五年，否则要支付违约金。

现在五年的时间还没到，公司理所应当让他支付完违约金后再办理离职手续。

他在被告知的第二天便来到财务部，提出要看看自己当时签订的协议。负责这一块儿的小爽找出相关的资料交给他，由于当时手头在忙另一件要紧的事，也因为跟这个经理比较熟，所以并没有留意他。

等到她忙完手上的事再找这个经理时，他早已不知所踪，所有资料均已被他带走了。

小爽当即打他电话，关机状态，微信和QQ也已经被拉黑。等到再次打他电话，号码已经注销，语音提示已是空号，他就像人间蒸发了一样。

公司没有了与这个经理的协议证明，已没办法再索要违约金，于是小爽无辜受累，只得自掏腰包补上违约金，否则就要引咎辞职。

为了赖掉几万块的违约金，不惜自毁人品、有悖道德，还让其他同事背锅，这种人品不良的人，怎么能成大事？

辞职见人品，也见格局。有人说，能力决定了一个人能否成功，其实，能力只决定了你能做什么，也能给予你与他人竞争的优势，而格局，却决定你最终能走多远。

生活不会因为某个节点而变得与众不同，却会因为你的格局而有所改变。未来的幸运，都是过往努力带来的收益，是一点一滴积攒下来的。

这些年，我见过很多起点相同的人，走着走着就相差了十万八千里。差距根本不在智商和情商上，而是在思维的高度上。整天纠缠于鸡毛蒜皮，就会忽略那些人生的大命题。

格局大了，能够站得更高，看得更远，也就做得更大；格局小了，眼光短了，个人的发展就会受限。

才华和能力固然重要，但如果没有格局，一辈子也只会局限于狭窄的空间，一抬手就会触到天花板。而那些有大格局的人，他们的未来，上不封顶。

人们常说，我们用几年学会说话，但是却要用一生学会闭嘴。有的人可以因为两毛钱在菜市场里破口大骂，有的人即使被误解也可以满面春风。而这两者之间的差距，就是格局的差距。

当你在二楼向下看的时候，看到的会是满地的垃圾；而在八十楼向下看的时候，你看见的是满城的风景。

不同的高度，就会有不同的眼界和视野。人也一样，当你迈上一个新的高度，达到了更高的境界，就会有不一样的见识和胸怀。

每个人都是在自己的认知范围内做判断的。如果和井底之蛙说，天比井口大，它会认为你是个骗子，因为它看到的天就是井口大小。这不仅是眼界的问题，还是意识的问题。

眼界问题是看不透，意识问题是不知道要去看。

人与人之间的差距，不是没来由的。你活得随意，就只能过得平庸一些，若想过得精彩，就要有相应的本事。你有什么样的本事，就过什么样的生活。你的位置多高，看到的风景就有多美。

你是你自己塑造的。你认为你行，你认为你不行，你都是对的。

.. 主动的人生，真是赚大了

主动的人赚到的是人生的主动权。好运气都不是免费包邮的，大多是你自己捞回来的。

.. 01

办公室里只有两种人：主角和龙套。

平庸的人，心安理得跑一辈子龙套；优秀的人，拼了命地要做主角。

几年前我初入职场，在一家报社上班。每天把领导分配给我的任务按部就班地完成，从不主动寻找选题，没事的时候像一只沉默的羔羊，坐等下班。

记得当时，同批次入职的只有我和 Lisa。刚来的时候，我们一起聊天、八卦、吐槽，连喝咖啡都共享同一罐。

可是渐渐发现，Lisa 有点儿不太一样了，她每周至少会有一次主动敲开领导办公室的门。隔着透明的玻璃窗，我看到她总是神采飞扬地和领导交谈着什么。

某次正好从领导办公室路过，听她滔滔不绝，原来就是关于选题的一些汇报。

我心里不免犯着嘀咕：每天都开会讨论选题，还用特意再找领导汇报？到时候把稿子交上去，领导不就知道了吗？说不定领导也觉得她挺烦人的……

每一次 Lisa 去敲门，我对她的印象就差一分，慢慢地和她也渐行渐远。当时的我真的天真地以为领导的眼睛是透视眼，就算我不说，他也能检测出我最近的工作进度。

可是不久后，我发现 Lisa 和领导的沟通越来越有成效，不仅她侃侃而谈，就连领导也时不时参与到话题中。

和我疏远后，她反倒有了自己的新朋友，都是行事果敢、充满激情的一类。而我的情况倒是越来越封闭、消极、沉闷、情绪低落。

后来，坐在我对面的老记者看不下去了，就对我说：“没事要多和大家沟通，刚开始工作的时候肯定有困惑，你能说出来，才能发现问题在哪。”

我反问：“是不是应该像 Lisa 那样，主动和领导汇报工作？”

老记者听之一笑，没有正面作答，倒送了我一句话：“记住，你唯一的限制，就是你自己的态度。”

那些每天早出晚归的人不一定是认真工作的人，那些每天忙忙碌碌的人不一定是完成了工作的人，那些每天按时打卡、准时上下班的人不一定是尽职尽责的人。

对他们来说，工作仅仅是一种简单的交易，对每一家企业和每一个老板而言，他们需要的绝不是那种循规蹈矩却缺乏热情和责任感，不能够积极主动、自动自发工作的员工。

被动的结果，绝不仅仅是某一次失去，而是长期的生存困境——你对即将发生的一切都毫不知情，也不愿打扰这种虚假的和平。看似安安稳稳待在舒适区里，实则身处一个充满偶然性的危险世界中。

卡耐基说：“有两种人注定一事无成，一种是除非别人要他去做，否则绝不会主动做事的人；另外一种人则是即使别人要他做，他也做不好事情的人。那些不需要别人催促，就会主动去做应该做的事，而且不会半途而废的人必定成功，这种人懂得要求自己多努力一点、多付出一点，而且比别人预期的还要多。”

其实，生活中也有很多这样的事。

很多姑娘都有过拍写真的经历。可是一个自带部分私服、找好发型图片、提供形象参考，主动和摄影师沟通的姑娘，和一个只顾素面朝天而去，全权交给摄影师，任由他们折腾形象的姑娘，这两者相比，究竟哪种拍摄的成功概率更高？

主动的人赚到的是人生的主动权。好运气都不是免费包邮的，大多是你自己捞回来的。

.. 02

办公室最近来了一个“自来熟”，是一只白色的流浪猫。

猫是很高冷的动物，很少黏人，喜欢有自己的私人空间，从来都是以主人的视角来审视作为铲屎官的人类。但是这只大白猫却不走寻常路，它和人很亲近。

有时候，它在外面看到你，会像见到亲人一样飞奔过来，在你的脚边蹭来蹭去，然后打滚给你看，特别亲昵；有时候，它会等在办公室门口，看到有人开门，它也跟着大摇大摆地走进来，“喵喵喵”叫着讨点儿猫粮，要点儿水喝。

吃喝完了也不着急走，在办公桌下面走来走去，仿佛在巡视自己的领地，时不时会来到旁边逗逗你。

面对这么可爱的小动物，谁都不舍得赶它走。公司附近有很多流浪猫，很多都是高冷范儿，唯独它最招人喜欢。你看它那圆鼓鼓的小脸蛋和胖乎乎的身材就知道了。

这个世界上没有什么是必然的，好运不会自动找上门来，猫粮也不会自动就进碗里。连猫猫都知道想要食物就得自己争取，人不也是吗？你想要什么，就要自己努力。

有些人总认为世间有千般无奈，万般困苦，于是宁可放弃，也不愿去改变，最后还要咒骂这个世界的不公。事实上，如果你不掌握驾驭这个世界的主动权，你注定会失去一切。

公司前台新来了一个小姑娘，长得伶俐可人。有一次，无意中说起自己报了编辑资格证的考试。领导一听，这么有上进心的员工，是公司的福气，就主动买了几本书送给她。

一个月后，领导询问学习进度，小姑娘说忙着适应公司环境，只看了几页。

隔了一段时间，领导再次询问时，她不好意思地说：“真的太枯燥了，完全看不进去。”

“好好消化看过的书，会有思路的，慢慢来。”领导耐心地鼓励她。

后来，小姑娘干脆说自己白天在公司已经很累了，晚上回去看“天书”，压根没有精力。而且书里的理论很难理解，没有基础，看了印象也不深刻。

那一年的考试，注定以失败收场。她索性决定老老实实当个小前台算了。

你不主动看书，知识是不会自动进入你的脑袋；你不努力提升实力，升职加薪就会离你越来越远。

所有分数的高与低，文章的好与坏，工作完成的漂亮与否，都是有原因的。积极主动地去做事，与应付了事完成的工作，结果能一样吗？那可差太远了。

天才只是少数，大部分都是普通人，能够在普通人中脱颖而出，往往只是比别人多了一点儿主动的意识，多了一点儿积极工作的态度，比别人提前做好了准备，完成事情更漂亮一点儿而已。

真正有价值的生活，不是一味地去追问意义，而是勇敢地扎进生活里，去寻找自己想要的。不把时间花在现实而用于幻想，等于坐以待毙。但凡拥有梦想的人，他们都不做选择题，而只做证明题。

.. O3

世界是一座巨大的金矿，有些人随便挖一袋金子就满足了，而主动的人带着四十大盗、驾着海盗船来挖。这样的人活得不纠结、不畏缩，收获也比别人多。

三年前，松松刚加入本地一家很出名的公关公司。没过多久，一个客户的公司陷入了严重的公关危机，需要有人来拆弹。大家都束手无策，准确地说，谁也不想接这个烫手山芋。如果处理不好，分分钟被炒鱿鱼。

松松果断出击，接了这个活儿。

同事们私底下都在议论：怎么就显你呢？一个新人胆子也太大了。

松松顾不得这些流言蜚语，接到任务，立刻着手处理。凭借自身过硬的能力和手里人脉资源的帮助，顺利化解了此次危机，为公司带来了巨大的收益，领导对她的表现也是赞赏有加。

生活里除了有意想不到的事故，同时也有美妙的故事。松松骨子里大方开朗、敢作敢当、积极面对的性格，得到了很多同事的认可。后来，公司的一位经理对她表白了，如今成了她的老公。

她工作之余，还不忘周游世界，工作和旅游两不耽误，结识五湖四海的朋友。她的人生已然进入一个新境界，生活越来越精彩，人也越来越漂亮。

我对她说："你可真行啊，这世界上就没有什么能难住你！"

她说："我就是喜欢挑战。挑战各种新衣服、新发型。有些只是你看上去驾驭不了，多去试试后自会发现，没有穿不了的裙子，只有不敢穿的女人。"

很多时候，勤奋并不足以让你脱颖而出。主动去学习，主动去寻求创新、自我提高，才能让你越来越优秀。自带好习惯的人往往做事情更漂亮，这样的人会遇见更多的机会，进而成为更好的自己，这是一个良性循环。

我遇见的大咖，他们都有一个共同的品质，那就是能够主动去学习，克服本身的惰性，去坚持自己所要做的事情。

被动努力的人，越努力越迷茫，他们像是三明治里面的火腿，被困在夹缝中艰难喘息；主动努力的人，越努力越精彩。幸运大多不是靠运气，而是靠主动赚来的。

人生转折点的主动，会让你得到喜欢的工作，交到真挚的朋友，遇到心爱的恋人。

主动出击的人会获得更多的机会，千万别以为先到先得只适合商场打折，人生里的每一个场合也都适合。

沉默的羔羊加班十年，还不如懂得主动沟通和反馈的职场小白升职加薪快；害怕与朋友渐行渐远，还不如今晚就主动联系，与他分享喜怒哀乐；对于心心念念的那个人，表白比等待更划算，说不定正好他也喜欢你。

与其等着生活去逼你，不如你去逼自己主动地往前走。或许，走着走着，你就会与大咖比肩，变成别人眼中的大咖。

.. 好看的皮囊千篇一律，有趣的灵魂万里挑一

好看的皮囊千篇一律，有趣的灵魂万里挑一。保持你的独特，美得才有灵魂。最高级的自信，是全然的自我接纳。

.. 01

最近，我们部门任务特别多，领导批准我们再招一个人，便派我去找美娜。美娜是公司 HR，每到毕业季，她总会埋在一堆简历里，努力寻找发光的金子。

我问美娜有没有什么推荐的人选，她随手丢给我几份简历，让我自己挑。我大致翻了一遍，好像有什么不对。每一份简历都分量十足，十几页纸把一个毕业生十几年的学生生涯包装得光辉灿烂。

我说："怎么全都是学生会干部？这批来应聘的毕业生这么厉

害吗？”

美娜无奈地回答：“你也觉得奇怪吧，这些简历，我五分钟就看完了。可是，我看了半天，也没看到他们的优势和闪光点在哪，这让我怎么选。”

美娜随手又拿来几份简历给我，我差点儿笑出声，五份简历“特长”一栏高度相似：写作、唱歌、电脑、运动……

她还不忘补刀：“这些是特长吗？这些都是爱好吧，连特长和爱好都搞不清，你说他们写简历的时候走不走心？”

作为资深 HR，美娜的眼光是很毒辣的，她招的人个个都是精英，如果一份简历复制网上千篇一律的模板，描述的是毫无特色的个人经历，根本入不了她的法眼。

也难怪她生气，就连我也看不下去了。千篇一律的简历可是求职的大忌，留不下深刻的印象。“特长”这一栏，你写的一点吸引力都没有，只会让 HR 觉得你的“特长”就是无趣。真正能脱颖而出的求职者不会只写几个字，他们会提供自己的作品和材料，来证明自己是真的有特长。

例如，有写作特长的可以拿出自己曾发表过的作品，擅长玩电脑的可以拿出自己参与设计的程序，这些证明材料远远比空说有什么特长来得实际。

现在的毕业生就是太急于表现自己的优秀了，却没找到对的方法。千篇一律很容易，难的是打破定义。

很多人自拍都喜欢故意把自己的脸型修成尖尖的网红脸，我以前摄影班的老师说过，拍照，一定要拍得像自己，否则就没有意义了。

我曾经有幸看过老师拍的人像照片，宽宽的下颚被他拍出洒脱不羁的感觉，嘴角上的痣显得性感可爱，单眼皮和小眼睛看起来古灵精怪……

他拍照几乎都不修改人的脸形，老师说任何人都有漂亮的角度，正因为每个人长得不一样，这些角度才变得独一无二。

我们总是轻易被外界磨平身上的棱角，戴上了和所有人一样的面具，最后面具长进了身体，成了一模一样的人。然而，这些棱角才是最打动人的地方，只要不是尖锐的利器，就不必削平了示人。

人天生就与众不同，世界本来就没有“你要成为什么样子”的定义。千篇一律的日常有时是魔鬼，深陷其中的人成为魔鬼的帮凶，在你耳边蛊惑“你要成为这样子”。

世界上，只要有人在的地方就有声音，周围的声音太多太嘈杂，你在七嘴八舌中走上了一条众人指点的明路，但这是你想要的吗？

马克·李维在《偷影子的人》里说："有些人老爱墨守成规，没有偶尔打破规范的智慧。规则能让那些没有想象力的人安心，这实在很蠢。"

一个人身上最不应该抹去的，就是属于自己的那一部分最优质也最闪光的特点。你藏着掖着，千万不要随手乱丢。

生活中，千篇一律很容易，只要你愿意随波逐流，茫茫人海很快就可以淹没你，难的是勇敢地活出自己。

不必担心自己与别人不同，大自然的奇妙之处就在于生命的多样性，人生的有趣之处也恰恰在于独树一帜的经历。

那些越少人走过的路，越让你的人生变得耀眼；那些从不肯低头的坚持，才造就了独一无二的自己。

不是故作清高才站在人群之外，只是深刻懂得：活着的使命绝不是尽量让更多的人接受自己、喜欢自己。活着是为了不断找到那些真正有趣的事，做一个绝不完整但十分精彩的人。你要相信，在通往有趣和精彩的路上，你会顺利遇见真正的同伴。

.. 02

有些人，活了一辈子，其实不过是活了一天，其余的时间都在重复这一天而已；也有些人每天不重样，看似折腾，却活出了滋味。

遗憾的是，很多人都活成了前一种人。他们习惯了标签化的生活，还认为那是合理的。

最近流行卖人设。明星卖各种人设，什么霸道总裁、段子手、学霸……各种人设往自己身上招呼，一时间，身上要没个人设好像都对不起观众。

当然，明星卖人设可能是宣传需要，离谱的是，身边的许多普通人也开始卖人设了。

人设本身是人和人格的一种延伸。如果你的出发点是好的，你可以为之努力，将来有一天你一定会得到掌声；如果你只是为了粉饰自己而胡编乱造，只能说你是戏精，早晚有露出马脚的一天。

朋友圈里的一个朋友 Hedy，自从做了代购之后，就开始给自己加人设了，自称为“代购女王”。一开始，就是大量的发商品图片，天天刷屏，当时觉得无所谓，反正朋友圈里也不止她一个微商，发就发吧。

然后，渐渐地开始有点变味儿了，每天除了发图片，还像打了鸡血一样喊口号：“微商多么多么了不起，我就是帮你省钱！努力奋斗，不要活给别人看！不要瞧不起微商，你知道我有多努力吗！”

后来还直接通过私聊发图片过来，让我看好了就联系她。说实话，我开始有点厌烦了，本来井水不犯河水，大家相安无事，每个人都挺忙的，你这是强行打扰别人生活。

有一次，她私聊我，问我最近怎么样了，我以为她找我有什么事，结果没聊几句就说：“现在生意不好做，你什么时候捧我场，看在你的分上，给你包邮。”

我当时真是有点不知所措：不是来搞笑的吧，这可是强买强卖啊！

碍于面子只得回复她，如果需要一定找她，就这样结束了对话。

真是成也人设，败也人设。一开始你的确会受益于标签，快速得到认同与匹配的资源，但最后你一定会囿于标签，露出马脚，显示真实意图。

商品贴标签是为了明码标价，罐子贴标签是为了分门别类，可人不是商品，也不是罐子，不应该被随意贴标签。

只有撕掉标签，才能看清楚自己和别人真正的样子。

小时候懵懂，大人们总是随意给你下定义：这孩子像他爸，老实、孝顺、脾气好，所以你从一开始就没想过当什么科学家、艺术家，你心里只想——我妈说了，我适合当老师。

后来进入社会，做着与家长期待不符、但自己喜欢的工作，这个亲戚对你工作的定义是“干这个能挣几个钱”，那个亲戚一句“你的工作都没有公积金”——两种不同的定义，仿佛都在给你的前途判死刑。

二十几岁，大好年华，别人说你“油腻了”“佛系了”“脱发了”……你越听越焦虑。

三十岁一到，若是没顺利谈恋爱结婚，“剩男剩女”的标签就扔了过来，一路惶恐地自我纠结——我是不是很失败？

三十五岁一过，最可怕的才渐渐贴上来，“中年危机”“婚姻破裂”……管你是不是真的生活幸福，别人反正是要给你贴各种标签，你为了避免别人发起攻击，也忙不迭地自己给自己贴：对对对，凑合过呗。

以上种种，都是标签的陷阱，目的是让你活得千篇一律。

成年以后，为了不被孤立、不被猜忌，你也会默默接受许多设定：比如，单身是狗、看人秀恩爱便会虐到自己或者欢快地吃下别人撒的狗粮；又比如，别人都没下班，我怎么能自己下班呢？即便坐在电脑前也根本不想干活……

这些大家习以为常、司空见惯的设定，有些是为了融入群体的笑谈，有些则变成真假难辨的面具，后面藏着你小心翼翼的脸。

突然有一天你一拍大腿：我终于活成了父母期待的样子，可为什么我一点儿也不开心呢？

你似乎忘了，衡量人生好坏的标准从来都不应该是你是否在某个年龄做没做某件事，而是你是否实现了自我，是否过上了自己期许的生活。

早晚有一天你会发现，哪怕你按照标准填好了人生的答卷，若不是你发自内心的书写，你的一生仍不会快乐。

真的，别再为了那些不属于你的观众去演绎不擅长的人生。

你可以给自己一个美好的人设去当努力的方向，但不要陷进去成瘾了。仰望完美人设，同时也要能享受人间烟火。

没有不塌的人设，只有未见的自己；与其努力保持人设，不如保持自己的本色。

.. O3

叔本华曾说："我们在用四分之三的生命去活成另一个人。"

没有人能要求你怎样，除非你告诉自己你就是这样。你不愿意给自己贴标签，湮没在芸芸众生中，就没有人能强迫你这样做。

活得千篇一律的人，一遍遍自我催眠，自己没什么不同，最后他们真的没什么不同。不是你的灵魂不够独特，而是你的思维将你带入了千篇一律。敢于撕下自己的标签，行为遵从自己本心，才能活得有辨识度。

什么是辨识度？辨识度就是你不必有倾国倾城的美貌，不必非得鹤立鸡群，也不必非得聪明绝顶。是你给人的感觉是独一无二的，是他从来没有遇见过的，是在茫茫人海中，只要你出现，就会被识别的。

活得有辨识度，不是要标新立异，而是要低调地张扬着，寻到自己的风格，然后在岁月的浸染中，一点一点活得越来越像自己。

你的辨识度，某种意义上就是你的竞争力。它不是与世界背道而驰，也不是冷漠刺伤一切，而是活出自己的感觉，有属于自己的气质，行走有姿态，说话有腔调，处事有风格，而且有杀出重围的勇气和力量。

没有辨识度的人，常常会遇到这样的境遇：工作了很多年，升职加薪的时候却常常被忽视；朋友圈非常狭窄，有很强的社交障碍，很难拓展自己的交际圈；就算获得了一点成绩，也不太自信，对自我的评判价值很低，远远低于自己的能力。

比如，A 和 B 都很优秀，但是 A 从来都是一身职业装，B 每天变着法子搭配衣服，哪个更养眼?

比如，A 和 B 在同一家公司上班，A 经常主动找上级汇报工作，回复上级邮件不会超过十分钟，而且回复得有理有据，清晰明了；B 害怕犯错，从不和上级交流，也不敢提出自己的想法，如果你是领导，你会让哪一个升职?

不要羡慕别人为什么总是那么好运，只是他们更早地领悟到一个道理——世界上优秀的人那么多，大家都很忙，你当然可以慢慢等待其他人发现你有多好。可是没等到别人发现你，过程中的孤独、冷漠、委屈、无奈早就击垮了你。等不及去展现自己的优秀，你就已经被负面情绪拍死在了沙滩上。

心灵美了这么多年，你就不想美得明显一点吗?

成为一个有辨识度的人，不是为了别人，恰恰是为了自己。在成长的路上，如果能够通过努力，赢得更多的鼓励和支持，那么为什么不呢?

否则，你很可能走着走着，渐渐就忘记了——你是一个值得拥有更好生活的人。

辨识度不是伪造，不是假装。它只是让你主动完成了那个雕琢自己的过程，而不是被动等待某一个机会来成就自己。

身躯是父母给的，但你才是这副躯体的主宰。是落入流俗还是一枝独秀，是庸庸碌碌还是光彩夺目？这一切，都是缘于你。

你要忠于自己的成长，忠于自己走过的路，因为它们拼凑成的自己，独一无二。

你要成为一个有辨识度的人，站在人群中，可以不那么美，但一定要醒目；可以不那么有个性，但一定要有态度；可以不那么优秀，但一定要有气场。

这个世界属于优秀的人，更属于那些有辨识度的人。你要相信，幸运从来不会降临到和别人一样优秀的你身上，而是会降临到和别人并不一样的你身上。

走自己的路，赏自己的景，哼自己喜欢的歌，哪怕是想一脚潇洒地踢开路边的小石头，也没什么不可以。愿你活出自我，不被世界定义。

.. 你不必生来勇敢，天赋过人

成功的路有很多条，你并不一定要面面俱到，样样精通，身有短板的人也有某种不可替代的特技。人生最重要的任务不是补短，而是扬长。

.. 01

周末，爸爸的朋友带着刚上大二的女儿来家里做客。

当年报志愿的时候，父母都希望她毕业后可以当一名语文老师，她就报考了本地的一所师范大学的汉语言文学专业。

她的高考成绩比录取分数线足足高出了好几十分，按道理，学业上应该可以轻松应对。

但没想到，一年下来，成绩一直不太好，那些文字里的玄妙在其他人眼里是如此妙趣横生，到了她这里，都成了找碴儿的冤家。

别人大谈对一些名家和文学作品的喜爱，她完全无感，只是在考试前死记硬背他们的生平履历和代表作。

因为我也是学汉语言文学专业的，那个姑娘想跟我取取经。

她说："我也想努力学好，甚至比他们还用功地去复习，但就是没什么效果。"

我对她说："有时候多看看书总没错，你喜欢写作吗？"

想了一会儿，她说："我真的不想再看一些课本外的东西，也没什么想写的。"

在后来的交谈中，我慢慢了解到，她高中数学一直非常好。平时喜欢看各类财经新闻，最羡慕的是那些做金融分析的人。

她一直焦虑于自己为什么没能做到和别人一样，把专业课学好，但从来没有想过，不是她不行，只是她不喜欢。

我建议她早点准备跨专业考研，尤其考虑跟经济学相关的专业。

有一个著名的短板效应，说的是一只木桶想盛满水，必须每块木板都一样平齐且无破损，如果这只桶的木板中有一块不齐或者某块木板下面有破洞，这只桶就无法盛满水。

但人生不是木桶为了蓄水，人也不是完人，事事都是行家里手。这一生你只要在某一方面具有足够的优势，成为某一方面的大咖，已经足以立足。

就像那个姑娘，本来她擅长的是理科，因为父母想让她当语文老师，她就放弃了自己的优势。但是，她在文科上面有短板，还赶鸭子上架，硬要逼着自己去学没有兴趣的东西，最后的失败，几乎就是板上钉钉的事。

谁都有短板，与其花力气补足短板去装更多的水，不如加长加固长板，把长板发展成自己的优势。

一个人不必每件事都精通，能将自己特长的事精益求精，做到锦上添花，就已经是人生大赢家了。聪明的人，绝对不会去做自己不擅长的事。

.. 02

很多人容易陷入一个误区，进入一个新环境，如果我做得不够好，就一定是我的问题。所谓当局者迷，旁观者清，因为自己已经身在比较的环境当中，顾不得别的，只想着迎头赶上。

如果能跳出来看，或许更容易发现问题的实质。

就像我的朋友郑小姐，她的文笔从小就好，基本上是在“才女”的赞赏声中长大的。

在校期间就一直是校园文学刊物的主编，因此一毕业，就入职了一家非常知名的门户网站，做文娱版的编辑。最开始她还不太熟悉业务，但很快就做出了感觉，一年下来，策划了好几个有深度有趣味的专题页。

只是没想到，后来文娱版和其他板块合并了，郑小姐则被调到了本地新闻的编辑岗。

从此，她就变成了每天追热点，起夸张标题，时时盯着每一篇文章流量的人。新工作要求的是快速反应、及时出稿以及吸引人眼球的标题，对于内容本身并不做太多要求，准确无误即可。

再到后来，只要一有热点事件，她还要被立刻安排出去采访，或者电话连线专家之类。一开始的新鲜劲儿过去后，郑小姐感觉越来越力不从心了。

别的同事听到有新闻发生都两眼放光，充满干劲儿。她呢，则是心里一惊，怎么又出事儿了。对她来说，追热点不是一个愉快的体验，会患上资讯强迫症或某种空虚，肾上腺素一直保持高位的代价就是变成一个缩不回去的气球，既疲软又恐惧。一睁眼，好像欠了世界一堆头条似的。

她会在深夜采访回家的时候趴在床上哭一会儿，释放下情绪。不过第二天，仍然会给自己打满鸡血说：为什么我不行，我并不比别人差。她有太多不甘心，哪怕早已对这份工作失去了任何兴趣。

她的能力并没有问题，只是她更擅长用较长周期有计划、有安排地产出高质量、有创意的东西，提供精品的内容，而不是即时性的新闻和争分夺秒的采访。

每个人都有自己擅长的地方，越努力越幸运是对走了正确道路的人说的，而在一条错误的道路上使劲儿地去逼迫自己，只会越努力越无力。

相比之下，我的同学嘉丽，就显得聪明多了。

嘉丽大学毕业后，被分配到一个偏远地区任教。由于乡下师资紧缺，每个老师几乎都是“全能”，哪个科目缺少老师，新来的老师就会充当替补队员。

数学成绩向来一般的嘉丽，就被学校抓来，担任初一年级的数学老师。

嘉丽当时简直要崩溃了，但是校长说：“咱们学校的现状就是这样，你就辛苦辛苦，带一段时间。”

就这样，数学文盲的嘉丽成为初一年级的数学老师。

那两年，嘉丽为了成为一名合格的数学老师，拼命恶补。她厚着脸皮向学校有经验的数学老师学习，自己没日没夜地做题。

终于，两年下来，她已经成为有口皆碑的优秀数学老师。

但是，乡下的条件实在太差，当老师也非嘉丽的意愿。于是，她在百忙之中坚持写作，每天晚上改完作业，总要写一段文字，才能安然入睡。

一个偶然的机会，市里政府部门招募有写作特长的人才，嘉丽自然被优先录用。

每当谈起这一段人生经历，她都由衷地说：“每个人都有致命的短板，要学会正视自己的短板。不仅要注重补齐自己的短板，还要努力地加长自己的长板。”

回想起来，你能够走到今天，拥有现在的生活，并不是因为你有哪些短处、不擅长、不优秀，而是你的长处，你擅长的事，你优秀的方面，是这些让你立足。

只做自己喜欢或擅长的事，也是一种能力。

你喜欢安静，就不要硬将自己放置于喧嚣之中；你喜欢散步、听音乐、读书，就不要去跳蹩脚的舞；你喜欢旅行，在条件许可的情况下，就不要宅在家。

在擅长的事情上，才会有成就感，才会得到真正的快乐；不擅长的事情，最好不要去凑热闹。

.. 03

在人生大事件中，如果不能认清自己的短板，也会造成难以估量的损失。

我的表叔跟我讲过一件事。几年前，海参养殖突然兴起，那个时候特别流行海参进补，大家都在买，价钱自然就炒起来了。

表叔的几个朋友也红了眼，决定自己承包一片海，养殖销售一条龙。朋友们都跑来劝他，让他也一起投资养海参，表叔说，自己对海参养殖一窍不通，重要的是自己也不感兴趣，这个热闹就不凑了。他不忘提醒朋友，海参养殖还是有一定风险的，让他们也小心一点，注意市场动向。

朋友们不甘心，好像自己做了好事，却不讨好。于是，一个个继续在表叔面前显摆，这个准备加大投资，那个准备交个首付……但是，表叔完全不在乎这些。每天抽出时间打打太极拳，日子过得倒也有声有色。

突然有一天，所有朋友都跑来哭诉，原来，海参苗成活难，市场对海参品质要求又高，不少朋友血本无归，简直欲哭无泪。

最惨的是表叔的邻居，几乎将所有积蓄都放在养殖上，结果赔惨了，一下子由人生赢家变成了输家。

可是，市场根本就不相信眼泪。

我问表叔，为什么在诱惑面前能保持如此淡定？

表叔笑笑说："我知道自己根本不是那块儿料，所以不去逞强。"

而表叔因为不停钻研和练习太极拳，不久，就在当地小有名气，后来还开班收徒。

拿着别人的地图，如何能找到自己的路?

如果你一直跟在别人后面，违心地做一些不擅长的事，长此以往，你就会失去自己的特点，这是得不偿失的。

如果勉强去做自己不懂也不擅长的事，实际上，是为自己的人生道路设置障碍。聪明的人，永远不会去做自己不擅长的事。

我遇到过太多人，他们稀里糊涂地进入一个职业领域，便开始不顾一切地努力，一旦停滞不前，就陷入自我怀疑的怪圈中，反反复复，走不出来。

他们没有想过，如果把目光聚焦在短板上，把全部的人生投入到弥补短板上，能看到的就只是自己的不擅长、不优秀、不突出，也就一直没有快乐和成就感可言。

如果你总是把大把时间花费在怎么也做不好的事情上，那么你很可能是在吃不必要的苦，把这些努力放到你真正擅长的领域，你或许早就有所成就了。

黄渤唱了十几年的歌，默默无闻，却阴差阳错从一部电影开始大红大紫；岳云鹏做服务生总是做不好，不是弄洒了饭菜，就是打碎了盘子，最后却在相声领域一路开挂了。

找到适合自己的路，就像找到一双合脚的鞋。这世界上，有的鞋光鲜亮丽，有的鞋普普通通，有的鞋奇形怪状，但只有适合自己的鞋，才能带你走最远的路。

如果你已经足够努力，却还没有看到效果，或许你需要的是停下来，仔细想想自己擅长什么。而不是告诉自己，我其实可以更努力。

不要把时间浪费在你不擅长，和你本性相违背的东西上，内向者不用假装外向，外向者也不用故作沉默，做你自己就好。

承认自己并非无所不能，这看起来有点消极，但你有不足之处，也说明你还有其他长处，如果把时间用来打磨长处，变得更优秀更突出，同样可以提升自己的价值，同样能让自己更自信。

人在从事自己喜欢的和擅长的事情时是最具有魅力的。所以集中精力在你的优势上面，做你热爱的事业，你自身强了，你的价值就大了。

.. 内心空白的人，才会装出一脸世故

所有命运赠送的礼物，早已在暗中标好了价格；所有靠伪装获得的赞美，迟早有一天会原形毕露。

.. 01

有一天早上打车，差点儿出事。出租车想要超车未果，险些和前车追尾，幸亏两车司机都反应敏捷才避免了事故的发生。整个过程不过几秒钟，却吓得我一身冷汗。

出租车司机是一个年轻的小伙子，骂骂咧咧地对着呼啸而去的轿车屁股说："私家车了不起啊！这十几万的破车谁买不起啊！"中间时不时夹杂几句脏话。

我倍感无奈，是他想要超车在先，没出事故已是万幸。

小伙子似乎并不在意引起这场虚惊的责任在谁，他更想让我知道，他也是一个买得起车的人。他说已经去好几个车行看过了，并告诉我哪些车性能好，哪些车他看不上。

我不太懂车，敷衍道："不错啊，买了车就不用天天这么辛苦了。"

"你以为开出租是我的专职啊？我都是闲着没事才出来跑跑！"小伙像坝前的洪水突然得到了宣泄似的，滔滔不绝地跟我介绍起他的正业。

他说他是一个保健品品牌的营销经理，手下有好几百号人，常常要向员工们传授销售经验，员工们都很崇拜他，隔三岔五还要开讲座，从来都是座无虚席……

一个人的内心究竟虚弱到什么程度，才会迫不及待地想要陌生人了解自己的身份、地位。我和他的关系仅限于司机和乘客，他的地位尊贵与否，真的和我半毛钱关系都没有。

我根本没兴趣去深究他这些话的真假。他这一番吹嘘不过是想获得别人的认可，让别人觉得他很富有。说难听点，他就是怕别人看不起他。

你是否真的富有，只有你自己最清楚。

如果说炫耀能够让你有存在感，那么获取了短暂的存在感后，你空虚的内心依然空空如也。

一个人几斤几两，什么底牌，只有他自己最清楚。那些为了满足一时的虚荣而炫耀的人，往往有着被扭曲的自尊心。他们深知自身能力有限，又没有自信去获取真正的实力，只能通过炫耀的方式来向外兜售自己的存在感。到最后所有的虚荣心，只剩下“虚”。

做人真的简单一点更好。站在低位的时候，不必假装高人一等；站在高位的时候，更不必觉得举世无双。真正成功的人，绝不会对别人颐指气使，更不会朝尚未成功的人放冷箭。

内心富足的人，鼓励是真的、微笑是甜的，只有那些内心空白的人，才会装出一脸世故，才会假装自己什么都知道，才会害怕大家发现他其实什么都不知道。

太在意别人的眼光，还是自己太 low 的缘故。生活中真正的强者，从不在意别人怎么看自己。

.. O2

如果说内敛是一种修养的话，炫耀就是一种不上道的肤浅。炫耀根本就是站在高台上，自己昭示自己的弱点。

两年前，我学车的时候，认识了一个“很厉害”的人物。

怎么厉害呢？生怕别人不知道他见过世面，学车期间出国旅游一个星期，回来立刻中英文夹杂，也不管标不标准，装出一副什么都懂的样子指点别人。殊不知在真正见过世面的人眼里，他就是班门弄斧。

他生怕别人不知道自己有品位，喝了几杯咖啡就觉得豆浆俗不可耐。有一次，我们几个练车的小伙伴出去聚会，看着他皱着眉头喝红酒，跷着兰花指切牛排，重点是刀叉拿反了，还要摆出一副闪闪发光的艺术家派头，我们都拼命憋着笑。真正有品位的人，举手投足都是教养，根本不需要假装。

他还怕别人不知道自己混得好，碰到机会跟名人合了张影，便和我们说已经称兄道弟。饭桌上说自己家的豪车在车库里都落灰了，赶紧考个驾照，把车开出来代步。殊不知，真正的牛人，出行哪怕是乘公交、搭地铁、骑共享单车，也丝毫不影响他继续牛。

后来，我们聚会都不叫他了，因为他就像一个话题终结者，每次他说完，我们都不知道怎么接话。

身边总有几个有事没事爱炫耀一番的人，虽然每个人对炫耀的尺度界定不同，但没有说成有，弱的说成强，肯定大有人在。

越是爱炫耀的人，越是渴望得到认可。而越是渴望认可的人，内心越是虚弱。就像有些人的口头禅是“我有一个朋友多么了不起”“谁谁谁还在念书的时候我就跟他一起玩儿了”“不就是他吗？你找他帮忙啊，我帮你联系”……

吹嘘的时候天花乱坠，用不了多久，只剩下“自己什么都不是”的一地鸡毛。

风不风光终究只能骗骗外人，关起门来，谁穷谁惨谁知道。

缺什么，炫什么。炫富的往往是怕别人觉得自己没钱，炫身份的往往是怕得不到别人的尊重，炫格调的往往是怕别人识破自己的俗气。

炫耀其实是有意夸大自己引起别人的注意，让别人羡慕或者嫉妒。事实上，爱炫耀的人都有一颗自卑的心。

潜意识里觉得自己不行，才自吹自擂，通过观察别人对待自己的态度，来定位自己。

所有命运赠送的礼物，早已在暗中标好了价格；所有靠伪装获得的赞美，迟早有一天会原形毕露。

爱炫耀的人是最缺乏自我的人。他们永远活在与别人的比较里，一旦失去“我比别人好”的暗示，就像失去航向的船，再也找不到前行的方向。

哪怕曾有不服输的劲头和比天高的野心，也会在无休无止的比较中消磨殆尽。

说白了，害怕别人看不起，不过是内心虚弱，底气不足的表现。可是，你强势的样子不能只靠死撑。

真正有本事的人，从不炫耀他拥有的一切，他不告诉人，他读过什么书，去过什么地方，有多少件衣服，买过什么珠宝，因为他没有自卑感。

.. O3

越急于表现什么，说明内心越缺什么；越着急放飞自我，越容易迷失自我。

炫耀不可怕，没本事才尴尬。没有常识的炫耀，让人连嘲笑都不屑；没有行动的炫耀，连绣花枕头都不如。

你的鸡血，应该打给自己；洒给别人的，那叫狗血。

当然，有喜欢炫耀的人，也有从不炫耀的人。这样的人更有内涵，他们宁愿在人群中隐藏自己的锋芒，你很难捕捉到他们的存在。

你一遍一遍地告诉全世界要开始努力了，马上要成功了。你喜欢在起点给自己不停打气，他们却早已经背着行囊开始远行。

最开始，全世界都听到了你的梦想，但到最后，全世界只看到了那些不声不响却实现了梦想的人。

你下的决心足够坚定，才会不动声色。每次高调的宣誓与喋喋不休的强调，都只是虚张声势。

前段时间跑步，加了小区的一个微信群。群里都是一些希望通过跑步实现减肥目标的年轻人。

群规定，三个月后，汇总群成员的减肥成果，未完成目标，将扣除之前提交的保证金。好歹也是几百块钱呢，装也得装出个样子来。

开始的时候，群里氛围很好，有的上传自己的跑步记录，有的晒了自己新买的跑鞋，大家摩拳擦掌，好像马上就能成功减肥。这番热闹场景持续了一个月，除了群主偶尔提醒，没几个人说话了。

三个月后，群主公布了最终结果。拿到名单的时候，我们惊讶地发现，三十个人的群，自动退群的就有五六个，剩下的二十几个人，完成目标的只有三个，而且是三个从来都没在群里说过话的人。

当我们还在纠结是早上跑步还是晚上跑步时，他们已经穿上跑鞋下楼了；当我们抱着电脑对着一堆跑鞋挑来挑去的时候，他们前一天下单的鞋子已经到位了；当我们在健身房里拍了一堆照片昭告天下“我来过”的时候，他们已经跑完了三公里。

与其口喷唾沫地奋力炫耀，不如努力变成被自己炫耀的人；与其煞费苦心把自己武装成一副很牛气的样子，还不如花点时间提升自己，早日变成自己满意的样子。

越优秀，越温和；越无知，越狂妄。当一个人不再需要外物来粉饰自己的身份和地位时，才是真正的成熟。

真正的强者从不在意别人的眼光。他们从容自信，明白自己的人生价值，清楚自己的生活方向，不需要迎合别人，也不需要寻求别人的肯定。所以往往境界越高的人，越是谦卑踏实。

这些人，在面对压力和挫折时，往往以一种向上的姿态来应对，他们的心足够大，坚持的意愿也足够强，更重要的是，他们始终相信，与其急着用语言反驳，不如用行动和结果让所有人信服。

所有的炫耀，都无法改变不堪的现状，唯有成长和自信，才能让人自带光芒。

任何时候，说出来的学识可能是假的，但流露出来的气质一定骗不了人。所有的努力，不是为了让别人觉得你了不起，是为了能让自己打心里看得起自己。

村上春树说："你要做一个不动声色的大人了。不准情绪化，不准偷偷想念，不准回头看。去过自己另外的生活。"

你弱的时候，世界最残酷；你强的时候，世界最温柔。

.. 不是别人走得太远，而是你根本没出发

你生活的大部分艰难，都是因为等一等。生活没这么复杂，种豆子和相思或许都得瓜，你敢试，世界就敢回答。

.. 01

Kitty 是名校毕业的硕士，双商在线，有颜有钱，身边从不缺少追求者。一个偶然的机会，她遇到了让她一见钟情的男孩儿。

相处下来，她觉得男孩儿对她也有好感。只是有件事让她很苦恼，男孩儿从来不会主动打电话或微信上联系她，也不太关心她的事，态度又总是摇摆，忽冷忽热。Kitty 忍不住怀疑自己被人当作备胎了。

我鼓励她："你可以联系他啊，何必在这胡思乱想？"

她摇摇头说："我再等等，也许他先找我呢。"

Kitty 是那种哪怕心里再怎么翻江倒海，也从不会主动联系别人的人。自尊心特强——"你不来找就不来找，我也有我自己的倔强"。

她习惯了待在自己的世界里，没什么特别的爱好，偶尔看电视剧也能泪流满面，偶尔听歌轻轻跟着唱，可能她一天说的话，都不如哼唱的歌词多。

她并不是享受一个人的自由，只是从小她就比别人更独立，没有多少人、多少事真正走进过她的内心，她也从未真正的跟谁产生情感联系。

也因此，当有人主动接近她，随着对方对她影响的增加，她会有更多的期待，可一旦对方的表现低于她的期待，就会失落，开启等待模式，渐渐把关系拉开，再次回到自己安全的、不被打扰的世界。

不联系不代表她不在乎，只是一种惯性，她没有养成主动关怀的习惯，那种嘘寒问暖的话当然说不出口。习惯了不期而至，就不敢主动邀约了。

有些人的寂寞不是因为等待一个人的出现，而是那个人早已出现，他们在等待那个人主动。

再后来，男孩儿有了女朋友。Kitty 当然很失落，等一个人等到绝望，耗空了身心，慢待了时光。把自己等得患得患失，等得怯懦失意。对方可能也会很遗憾，他不主动，也许不是因为你不重要，而是不知道在你心里，他是否重要。

猜心并不有趣，怎么就不想想，如果主动一点，是不是就有故事了？

很多感情，始于心动，止于被动。

女孩们在感情里都有这种困惑：我该不该主动一点？她们怕的有好多：女孩子主动，会不会很掉价？就算在一起，他也不会珍惜我吧？如果他不喜欢我，那我会不会很伤自尊？如果他不喜欢我，我怕表白了却落到连朋友都做不成。

可事实上，爱情里的单向使力，除了跟自个儿较劲，别无其他。

“我是喜欢你啊。可我更想证明，自己是被爱的。”

“我为你花了那么多心思，你怎么能视而不见？”

你口中的等待好时机，听起来很美，却更像七分自我逃避，三分自欺欺人。明明是自己错付心力做遍无用功，却误以为对方不领情。

等得太久，关注点就会跑偏，非得处心积虑去证明，他的世界你是唯一；因为等得太功利，所以且行且疲惫，妄图用对他人的控制，填补自己缺失的心意。

当一个人的关注点跑偏了，他就找到了替罪羊，不会再反思自己是不是努力的方法不对，程度不够，而是感慨于命运的不公与起点的不平等。即便是天降一副好牌，他也依然会打成烂牌，然后感慨，这都是命。

人和人关系的改变需要一个破局者，你为什么就不能当那个破局者呢？

爱情有的时候是单方使力的，谁觉得有问题，谁解决的动力就会更强，更应该主动去解决，并首先采取行动。

你不可能要求根本不觉得这是个问题的人，去解决你认为是问题的问题，因为他没有那个动力。

可是很多觉得有问题的人，都认为这是别人的问题，所以应该别人先做出改变，或者别人做点什么。于是问题就卡在掰扯对错这一步很久很久，始终得不到解决。

主动一点，你们就有故事了。这故事或许不是happy ending，不是花好月圆，或许只是让你爱而不得，从此你会明白感情的善良和缘分的无奈，蜕变出更加圆润丰盛的自我。

这故事或许和你想象中的不一样，可就算是一场美丽的误会又有什么关系？

最妙的人生不是精确计算好性价比，不是测量好每个站点之间最短距离，然后高效地抵达没有惊喜和意外的结果。最妙的人生是美丽的意外，是爱就不问值不值得。

.. O2

我之前在微信里加了一个读书群，群主在群里分享了很多资源，比如最新的书单，一些很难找到的书的电子版，还有一些提升阅读效率的小技巧。群里大约有一百多人。

分享完的十几分钟之后，他发了一条朋友圈，说："有的人看完了马上按着书单开始看书了，有的人给我发了表示感谢的红包，而有的人只是选择了保存或者收藏。人和人的思维差距，从这种小事上就可见一斑。"

看完这条朋友圈，我感觉被戳中了心事，因为我前一秒刚把他提供的资源保存起来，准备等有空的时候点来看，但是具体什么时候有空，我也不知道。

拦在眼前的，并不是屡屡不凑巧的时机，而是改变的动力。对未知的恐惧，才是阻止我前进的障碍。

我们常把要做的事情往后推，以为棘手的事情在别的时间做会更容易一些。但情况往往是：事情的棘手程度并不会自动减弱，今天没做的事，明天依旧不会做，久而久之，干脆能不做就不做了。

前一段时间，手机变得有点卡，一直显示内存已满，我没当回事，只是实在满得存不下东西了，就随便删一些照片或者几个很久不用的 APP，后来，手机卡顿现象越来越严重了，但是还能凑合着用，也没重视起来。

有一天早上，我和同事在微信上商量事儿，说到关键地方时，来了个电话。正准备接听，手机突然卡住了。把屏幕的各处点击了个遍，毫无反应。

于是，我只能眼睁睁看着手机不断振动，自己干着急。

电话响了一会儿后被挂断，屏幕恢复了反应，所有程序都随之崩溃。我这才认识到事情的严重性。没办法，只好赶紧拿去修。

修手机的小哥一看手机卡成这样，忍不住对我一顿毒舌："你这手机也太卡了，刷机都刷不了。电池都鼓起来了，不是我吓唬你，说不定哪天就爆炸了……"

我根本不关心他的毒舌，只是担心里面的资料能否恢复。

后来，手机算是挽救回来了，可惜上一次备份是十天前，也就是说丢了十天的资料。我这个懊恼啊，真是忍不住敲自己脑袋，早干什么去了。

有时候那些无所谓的等一等，起初只是因为一时的懒惰，或停留在短期的舒适区里，它的代价是，你可能会永远失去某些东西。

比如，你想等疾病自动痊愈，但你可能会患上更大的疾病，失去健康；比如，你无法掌控房价，又想等降价，最终，你只能以更高的价买房；再比如，你不努力提升自己，就只能看着别人把你狠狠抛在后面。

也许，犹豫不决的心态，一两天并不会影响你的生活。但时间渐久，你一定会发现，你生活中的大部分艰难，都是因为等一等。

说到底，顺水顺风的人生，从来都源于不纠结。

网上曾经有人列了人生十件“不要等”的事情。比如，对于爱情，不要等到想要得到爱时才学会付出；比如，对于友情，不要等到孤单时才想念起你的朋友；比如，对于自信，不要等到有人赞赏你时才相信自己；再比如，对待生命，不要等到临死时才发现要热爱生活……

很多人抱怨自己的人生不如意，却从来不反思自己有没有开始。滞留原地的偏执，带给你的不是快乐，而是痛苦。无意义的痛苦是毒药，毒的是人生。

有些事情，真的不要等岌岌可危了，再去做。“被命运推着走”的日子已经过去，在现在这个社会，决定你人生上限的，很可能就是你的行动力。行动，你才能抵达。

.. O3

你有没有过相似的经历？

打开一本书，准备读三章，刚坐下，想喝咖啡，冲咖啡的间隙刷了会儿微博，看到喜欢的综艺更新了，不由自主地点开看起来。转眼已经十二点多了，书一个字没读，然后懊悔地去睡觉，明天起来却依旧如此。

离毕业答辩还有六个月，放心玩；还有三个月，慢慢来；还有两个星期，有点小焦虑；还有两天，抓狂，东拼西凑，仓促准备完。

立志夏天到来之前要瘦身二十斤，做好了计划，下载了运动软件。万事俱备，只欠东风。结果秋天都快过去了，计划一个没实现，软件每天就查查步数，体重原地打转。于是再次下定决心，冬天到来之前要瘦成一道闪电。

人们太满足于“想到某个主意就好”，却永远把真正的行动“留到明天去做”。

那些成天说着再等等的人，往往不是为了暗中蓄势，而是为了变相拖延。大部分的拖延，都是为了逃避。

“等我再瘦一点，就去跟他告白。”“等我买齐复习资料，再来准备考研。”“等我多写几篇爆款文，就做个公众号。”

他们这边嘴炮满天飞，那边根本不行动；这边眼红别人酸唧唧，那边放任自我笑嘻嘻。

太多人既不看手里的牌，也不挑脚下的路。凭着一腔“明天会更好”的假鸡血，睁只眼闭只眼，反而虚耗了眼前日子。这么一来，所谓的再等等，不过是得过且过的近义词，不思进取的隐身衣。

如卡夫卡所说：“你刻意选择逃避，这是你的自由。但要记住，你所能逃避的永远只有逃避本身。”

你可以等，但不要瞎等。更多时候，等一等的意义并不在结果如何，而在一次次落空中觅得自我，明白自身的喜恶和局限。

有时候，不是别人走得太远，而是你根本没出发。

所谓平庸的人，并不是因为起步的时候就平庸，而是因为他们“永远平庸地活着”。

成功是什么？成功就是你的付出让你有了达成心愿的资格；失败是什么？失败就是你努力的程度还够不着你想达到的高度。

就像那个读书群里的一百多个人，有的人马上开始读书了，有的人对群主的分享表达了谢意，有的人凑热闹看完就忘。

一个人看待人生的方式，就是他的第二起点。第一种人行动，第二种人感激，而最后一种人，他们活在自暴自弃式的漠不关心里，坚信命运皆由天定，也懒得为了更好的生活做出一丝一毫的努力。

没有谁是在一开始的时候就一败涂地的，往往是在不经意间才输光了自己。与其说我们生活在不同的世界，不如说，我们生活在对这个世界不同的理解里。你如何理解，就如何行动，你如何思考，就如何生活。

今天的阿里巴巴不是今天做成的，是十八年前的决定做成的。而十八年以后的你，不是十八年以后决定的，是今天的思考、今天的选择决定的。

你就是你的未来，别只是盯着当下，也别总抓着过去。别放任自己一步步输在人生里。

未来就像一罐蜂蜜，你不主动掀开，又怎知滋味如何？

.. 生活就是暴击的循环，每个成年人都是劫后余生

上帝为你关上一扇门的时候，还会用这扇门夹你的脑袋，但是只要你头够硬，说不定可以挤过去。少点内心戏，少点挫败感，不自己变强大，任何方法都只是掩饰你敏感脆弱的窗户纸。

.. 01

美香最近又郁闷了，她说自己在工作上力不从心，领导和同事们老是欺负她，感觉像是要孤立她。本着能够客观地分析问题，我决定刨根问底弄清事情的来龙去脉（其实是好奇心作祟），再给出建议。

美香最近新换了工作，去了一家著名家装公司做设计，她交上去的设计稿经常被上司在会议上单独拎出来，倒也不是批评，但是次数一多，美香心里就犯嘀咕了，是不是领导不满意自己啊？

“你觉得他给你的工作建议，是中肯的，还是故意找碴儿？”

“平心而论，他对设计方面的很多指点令我钦佩不已，但是，我就是不喜欢他老是反反复复，让我去修改一个不怎么重要的图纸，太伤我自尊了。”

她又举了一些实际的例子。比如，到了饭点，有人站起来喊了句“走啊，吃饭去！”很多人就都起来一起下楼了，她不明白为什么没人到座位上喊她一声，这也太冷漠了。

可这在我看来，其实是挺正常的事情。我帮她分析了一下，作为一个新人，想和大家快点融入在一起，终究要自己积极主动一些。

要是有人故意针对你，你先把事情做好，再找合适的机会沟通解释。不过，如果一群人都不喜欢你，可能就得反思一下自身的问题，毕竟一个巴掌拍不响。

她又发过来几条消息，“唉，你没在我们公司的环境里，她们真的很过分，根本就没想过要叫我……”

你身边也有这样的人吧，内心敏感得像一只受惊的小鸟。生活里和他开一些无关痛痒的小玩笑，他总觉得是对自己的人身攻击。

更别提工作上的问题讨论。你就事论事给他提了些小小的改进建议，他想都不想就立刻反驳“你觉得我能力不行你来做啊”。

通常，我们会给这类人下一个定义，那就是内心戏太多了。

我记得我刚工作的时候，有一段时间内心戏也很多。

当时在一家杂志社做编辑。有一次开会，我的两个选题全被主编否决了，大家七嘴八舌地提了一些建议，有个同事说，隔壁部门做活动做得挺好的，可以借鉴下。

本是善意的提醒，我当时感受到的却只有攻击和敌意。心想，你觉得人家做得好，你去找他们做啊。内心戏不仅阻断了我对自己的向内反省，还让我对周围的同事生出一股恶意。

内心戏多了，原本不是坎儿的坎儿就变多了。给自己内心加戏的人，往往沉迷在自我意识里无法自拔。每天都纠结我如此优秀，你为什么还不要我，并用满满的仪式感来强化痛苦，这就无形间给自己增加了不小的挫折。

原本不是那么痛苦的一件事情，就会带来十倍的痛苦以及满满的挫败感。而挫败感多了，就会毁掉一个人的自信。

说到底，给自己内心加戏是自卑心理在作祟。总觉得别人是针对你或者坑害你，总因为周围人一句话或者一个语气、眼神就心情低落。这样的结果只能越活越累，到最后恨不得全世界的人都能让自己心碎。

可是，你有没有想过，这世上，最不缺的就是内心戏。

人活着，无非是想以最小的阻力去探索最大的世界，但内心戏太多会把你困于牢笼，让你每一天都活得克制又小心。

生活里大部分精力都消耗在处理各种应接不暇的消极情绪上，这样的结果就是，给自己往前走的每一步都平添了一些阻力。

.. 02

生活中不给自己加内心戏，是一种很重要的能力。

一个人如果掌握了这种能力，无论是在职场，还是其他领域都能如鱼得水，这种能力就叫作“钝感力”。

钝感和敏锐是一对反义词，很多人喜欢别人评价自己“反应敏锐”“才思敏捷”。当别人说自己“反应迟钝”的时候，估计会不高兴。

在我看来，钝感力是一种抗挫折的能力。

日本作家渡边淳一曾说，他还没出名之前，O先生是他心目中最具有潜质的作家。当时，他和O先生因给同一家出版社投稿而结识。虽然两人的稿子都被退了，但是渡边淳一每次看到O先生的手稿，都觉得自己写的真不是东西。

可后来的事实是，O先生成为工厂里的普通工人，而渡边淳一成为著名的日本作家。这个事件是在渡边淳一的《钝感力》一书中提出来的。

渡边淳一说，当时自己被退稿，也没当多大的事儿，就是难过一小会儿，喝几口酒就没事了。过段时间，他又继续投稿，继续退稿，继续喝酒，周而复始，直到自己第一本小说面世。

而O先生不一样，他在一次又一次的退稿中，开始怀疑人生，怀疑自己没有写作的天分，最终安于现状，成为工人。

大多数成功者，都有一种钝感力。他们不会被糟糕的环境影响，他们内心永远有一件值得沉迷与付出的事，这种钝感力足以打败比他们更聪明的那些人。

然而，没有人能反复经历挫折，高频的挫败会摧毁一个人的信念。大多数人的内心并非像伟人那样强大，多数人的情况是，在一次又一次，尤其是频繁的挫折打击中，会出现自信心下降，甚至一蹶不振。

比如刚毕业的时候，我们都会对最初的工资有期望值。面试的时候，总是信心满满，如果五次以内被录用，薪资值往往就会比较接近自己的期望值。可是随着挫折次数的增多，自信心也会随之下降。

自信心下降，挫败感就上升，会不断降低自己的薪资期望值，以此来舒缓自己内心被拒绝的挫折感，希望早日摆脱这种失败感。

这时候钝感力就非常重要了。如果挫折有本存折的话，记录着失败的次数，那么最好多训练自己的钝感力，弱化自己的内心戏，让挫折少一次是一次。

所以，不要给自己加太多的内心戏，明明是小事，也会被你强化成非常大的痛苦。本来谈不上挫折，你偏偏以泪洗面，纠结那些臆想出来的逻辑，怎么可能逃脱得了失败。

.. O3

每个人都可能在生活的打击下遍体鳞伤，重要的是你的抗击打能力和自我修复的能力。谁的一辈子还没有摔倒的时候，不爬起来，还等着别人去踩吗？

最近新一轮的水逆又开始了。具体是哪一天开始我忘记了，也没有刻意关注，毕竟人生处处都是糟心的事，它想来就来，想走就走，由不得你。

除了象征性地转发防水逆符祈祷一下，也只能受着，别无他法。

也不知道是水逆作祟，还是最近有些着凉了，感觉肠胃感冒要发作。我可不是冒充医生，实在是久病成医，自己的身体自己最清楚，基本上每年都会经历一次严重的肠胃感冒。

记得那天下午，突然感觉忽冷忽热的，然后开始肚子疼，胃里翻江倒海的。

幸亏一直备着药，赶紧往嘴里塞，对之前犯病的痛苦记忆历历在目，所以特别害怕像以前一样。可事与愿违，这次几乎就是以前经历的重演。

开始频繁地往厕所跑，刚开始只是拉肚子，后来就是上吐下泻，还有点发烧了。

最后还是挺不住了，就请假去了医院。同事发现我没在便发微信问我怎么了，犹豫了一下回答说身体不舒服，同事关心两句后开玩笑地嘱咐我：“晚上吃顿火锅，立刻生龙活虎。”

我心想着：还能吃下去吗。可回复的时候却变成了“哈哈哈哈哈，好的”。

有一句话说得好：一个成年人必备的自我修养，就是一脸冷漠地打出哈哈哈哈哈哈。那一刻，我深刻地理解了它的含义。

每个成年人，都是劫后余生。没有哪个成年人的生活，不饱含“艰辛”二字。

此时，我忍不住要抛出那一段经典的电影对白。

电影《这个杀手不太冷》里，玛蒂尔达问里昂：“生活是否永远艰辛？还是仅仅童年才如此？”

里昂回答：“总是如此。”

有人说，长大就是把哭声调成静音模式。每一个成年人，都有一堆下酒的故事，不能提，不能碰，想想就掉泪。

可是，每一个成年人都有一个默契，哪怕人后丧成狗，人前也要哈哈笑。有些沉重无人可分担，只能自己左肩换右肩。

这个月被扣了工资，妈妈打电话来问钱够不够花，一定要笑着回答够的，因为不能让父母担心。

分手了不再彻夜买醉，一边哭一边给自己点一份叉烧饭，哭完了还要继续上班的。

难过不再发朋友圈，没有什么不可以独自消化，又何必去面对别人真心的或者假意的问候。

《银魂》里有这样一段话："眼泪这东西啊，是流出来就能把辛酸和悲伤都冲走的好东西。可等你们长大成人了就会明白，人生还有眼泪也冲刷不干净的巨大悲伤，还有难忘的痛苦，让你们即使想哭也不能流泪。所以真正坚强的人，都是越想哭反而笑得越大声，怀揣着痛苦和悲伤，即使如此也要带上它们笑着前行。"

世上没有任何事能难倒一个成年人。因为再难搞的日子，你也能笑出声来。

王朔说：“内心强大到浑蛋，比什么都重要。”所谓内心强大，就是要学会生活，学会照顾好自己。

你可以哭，但不能认输。眼泪那么贵，当作是老天送来的礼物。

不被泪水牵绊，才能看见远处的风景。重要的是，你不能丢失了走出泥泞的勇气，要学会修炼和提升自己，就算深深地哭过、痛过，你的人生也不会轻易塌陷。

人生最重要的不是有多少顺境或者逆境，而是你知道或许走一条路不会有好结果，但你还是愿意再相信自己一次。世界上没有完全绝望的处境，只有对处境完全绝望的人。

多数人面临的生活情境大抵是一样的，处处是坎，能跨过去的人无非是多撑住了一秒。那多一秒的坚持，足以造成两种截然不同的结果。

如果你经历过最坏的情况，那么你还有什么可怕的？如果你还没有经历过最坏的情况，那么就放开自己打败一场，然后牢牢记住，久而久之，经历得多了，自然就能淡定自如。只有自己亲身替自己去选择，去碰壁或直面挫折，才能一步步拼凑起自己的人生版图。

.. 越优秀的人，越能看见自己的无知

满分试卷里，不会有真实的人生。学历、家世背景都不应该成为一个人的标签，才华和能力才是根本。华丽的背景可以为你提供资源，但优秀和独立只能自己争取。

.. 01

Venus 是一家服装公司市场部的经理，由于最近业务繁忙，想要招一批实习生。公司的人事部门细心且专业，为她做好了严格筛选，发到她邮箱里的实习生简历，全部散发着金子般的光芒。

比如她手里这个，名校毕业生，热门专业，海外留学背景，学分绩点很高，前任公司世界五百强。这样的简历在手，谁能拒绝得了呢？

很快，Venus 约见了那位优秀的毕业生，这个孩子信心十足，认为自己闪闪发光的学历拿到这个职位，简直易如反掌。

市场推广文案写作少不了，Venus 给了他一些相关的资料，让他大概创作一段简短的服装宣传文案。

他犹犹豫豫，半天也没编出一个字。

面试结束后，出于礼貌，Venus 没有拒绝他要求加微信的请求。

果然，他在微信中说，他的成绩很好，背景超过了大部分同期的毕业生，为什么没能进入到下一轮。他说，请给我一个解释。

What？

“他所有的沟通，都在表达一个意思。我成绩很好，我成绩很好，我成绩很好。所以，你应该毫不犹豫地录取我。”

请问你除了成绩好，还有什么本事吗？当然了，这话 Venus 并没有说出口。

很多人的印象里，都有这样一种逻辑，就是一个人成绩很好，背景优秀，他就能做任何事，真实的情况并不是这样。

你不能期待一张毕业证书，帮你实现所有的梦想。毕业证书不能帮你解释，一款新产品的推广文案，需要修改多少次才能过关；毕业证书不能帮你解释，为什么有的产品广告说得天花乱坠，但就是没有销量；毕业证书不能帮你解释，如何帮公司实现利益最大化。

那些闪闪发光的简历只能说你的学生生涯过得很丰富，没有被毫无意义的东西占有，你没有在最好的年华里虚度人生，这很好，你的付出，时间会懂得，别人看得到。

可你要记得，不能让满分的成绩单和好学生的称谓，代替了本该拥有的能力。

拿着满分成绩单，的确会让你一路绿灯、畅通无阻，获得的机会更大、更多。但是，你不能拿着成绩单当免死金牌，停止努力。如果什么事都能用分数衡量，那这个世界就真的太简单了。

文凭的最大作用，是帮你敲开职场大门，以后的进阶之路，你还是要和其他竞争者站在同一起跑线上。

单有名校的文凭，却没有优于同龄人的表现，一纸文凭不过是张空头支票，透支不了多久，老板不会买单。

如果你还觉得可以拿学习好这个挡箭牌解决人生中的棘手之事，

是时候转变想法了。去研究每一个公司的发展历程，去明白汗水的宝贵，收获的不易；去主动获取信息，去理解有偿交换；改改张口就求助，不行就卖萌的毛病。

说到底，最要紧的是扔掉过期的试卷和好看的证书，重新把自己投入到生活里，接受无情的暴击。真实的设定中，能像标准答案或者攻略指南一般让人安心和骄傲的时刻，根本就没有。

一个年轻人，不攒能力，只攒年龄，在任何地方都没有出路。初入职场，你的首要任务是摆脱学生思维。

你去学校走一遭，不是为了成为一个只会向别人提问，只会学习的人，而是为了成为一个懂得为自己负责的人。突破这样的学生思维，你才能真正走出校园。

不要等到生活的重压逼得你避无可避的那一刻，才发现自己的懦弱无能。

.. O2

成绩好只能说你有学习的天赋。天赋更多时候是充当一张贵宾席的入场券，它让你离舞台的中央更近，但并不代表你就可以成为

万人瞩目的焦点。真正难走的路不是从后场走到前排的距离，而是从地面走向高台的阶梯。

这世界上，有多少天赋败给了努力，又有多少才华输给了坚持。

你要明白：再优异的天赋，再闪耀的背景，也终将有殆尽的一天。任何现成的天赋异禀，都不足以支撑你披靡人生。

不要以为自己有了以往的金牌和荣誉，就可以吃老本。就算你有着令人欣羡的天赋异禀，就算你此前攒下的底子再厚，一朝懈怠，就会被无情地抛在人群之后。

这个世界上，优秀的人太多了，优秀又努力的也是数不胜数。

前两天我联系了在北京读研究生的香香，问她最近浪得怎么样。

“我哪有时间出去浪啊，恶补英语中，感觉又恢复了高考前的状态。”原来，她被院里选为赴斯坦福大学的交换生。这几个月，她一直在疯狂复习英语。

“偶尔也放松一下，你都这么优秀了，还这么拼！”

“可能在很多人眼里我已经足够优秀了，但自己却总觉得还远远不够，还能再好一点。你说，我要不要努努力，读一个博士回来。”

我知道，香香能问出这个问题，说明她心里已经有了答案。

优秀的人身上似乎都有这样一种潜质：无论做什么事情，他们总能锲而不舍、全力以赴，哪怕过程进展得很慢，也从不言弃，从不抱怨。

他们总是不断地去拓宽自己生命中的风景，把每一次艰辛和苦涩的过程摇身一变，化作赏心悦目的才华和优秀。不断挑战和丰富自我，不断点缀和充实生活，不断开拓和完善生命。

永远不要寄托优秀会对你一见钟情。你不去寻找和挖掘，它永远都不属于你。

在中学的时候，老师说：你要考上最好的高中，那样才能出类拔萃。考上最好的高中才发现，原来在一群出类拔萃的人中间，你仍旧是再普通不过的一员。然后，考重点大学，再进入大公司，发现那里依旧能人扎堆，精英云集——这个世界，从来不缺的就是优秀。

跻身于优秀的人中间，你就会发现，自己并不是什么无可替代的人物，有那么多人一直在暗中努力，并且等待机会随时取代你。

有一句话说：你的对手在看书，你的仇人在磨刀，你的闺密在减肥——你必须不断地努力，你的对手才不会有可乘之机。

你不出众，就会被淹没。

.. O3

古希腊哲学家芝诺的学生问他："老师，你学识渊博，知道的事情那么多，为什么还经常怀疑自己的答案呢？"

芝诺回答说："人的知识就像一个圆，圆圈外是未知的，圆圈内是已知的，你知道的越多，你的圆圈就会越大。圆的周长也就越大，于是，你与未知接触的空间也就越多。因此，虽然我知道的比你们多，但不知道的东西也比你们多。"

有没有发现，身边有一些人，明明已经百里挑一，还觉得基数太小；明明已经出类拔萃，还觉得炮灰太少。每天像缺钱一样勤奋，像欠债一样努力，每当遇上这样的人，都会忍不住问一句："为什么已经很优秀了，还要如此努力？"

越优秀的人，越能看见自己的无知。他们步履坚定、心生敬畏成了一种自然反应，但也正是这种心态，让他们不想停下探求的脚步。相反，平庸的人却经常一知半解，还觉得自己天下无敌。

当你问为什么越优秀的人越努力的时候，或许更应该问另一个问题：为什么自己不再努力了？以为自己无所不知，恰恰是无知的开始。

真正优秀的人，是停不下来的，因为内心深处有一种对无知的恐慌。对于知识，他们永远觉得自己不够。

每天反复做的事情造就了我们，你会发现，优秀不是一种行为，而是一种习惯。

一个不成熟的人的标志，是他愿意为了某个理由而轰轰烈烈地死去，而一个成熟的人的标志，是他愿意为了某个理由谦卑地活下去。

人要有一种危机意识和一种谦卑心态，对于这个世界，你不知道的东西还很多。

没有知识的人总爱议论别人的无知，知识丰富的人却时时发现自己的无知。所以，为什么越优秀的人反而越勤奋？答案或许很简单，他们比你看见更多值得努力的东西。

这是一个不断发展变化的时代，你所拥有的任何优势都是暂时性的，这意味着你必须永不满足，必须不断发展自己新的优势。即使你已经处在事业的平稳期，物质上相对富足或相对成功，你也必须要有意愿去创造性地更新自己，不断发现全新的自我。

有人说：现代人是U盘化生存。意思是，一旦工作情况有变，你就应该像U盘，随时能插到下一台计算机上，随取随插、不用缓冲，就能立即投入新工作。

人会长大三次。第一次是在发现自己不是世界中心的时候；第二次是在发现即使再怎么努力，终究还是有些事令人无能为力的时候；第三次是在明知道有些事可能会无能为力，但还是会尽力争取的时候。

.. 最高级的教养，是接纳别人与自己的不同

不要把别人对你的情分，当成你的福分；不要把别人的客气，当成你的福气；不要把别人的包容，当成你没底线的资本。

.. 01

小谷打电话给我，声音之大差点没把我手机震得摔在地上。我赶紧拿稳了手机，终于听清了她在喊什么："凭什么不让座就是没教养？凭什么我活该没出息？"

原来，昨天她加完班，坐公交车回家。因为长时间加班和处于生理期的原因，整个人都感觉特别不舒服，便靠着窗户闭着眼睛休息。

结果刚闭眼不久，就被人使劲摇肩膀摇醒，瞬间还一脸疑惑，一看，是一位大妈让她让座。

平时，她肯定会让，但当时实在不舒服，便和大妈说对不起，自己真的太累了。

岂料大妈立刻变脸，咒骂起来："你年纪轻轻，好意思坐吗？尊老爱幼，你不懂吗？"

小谷当时就愣住了，以前遇到的大妈都是和蔼可亲的，第一次遇见这种状况，正当她准备解释些什么，大妈又嚷了起来："这么没教养，你爸妈怎么教育你的！没出息！"

小谷说她当时差点儿气哭了。

听到这，我想到电影《搜索》里高圆圆饰演的叶蓝秋，对要求她让座的大爷说的一句话："我就是不让座，要坐，坐这（指大腿）。"

这只是叶蓝秋的气话。她说出这样的气话，是因为她连续遭受各种生活暴击。谁都有难过的时候，怎么就不能互相体谅一下呢？

当然，该让座的时候我们都不能含糊，毕竟这是中华民族的传统美德。但是也别忘了，每个人都有每个人的状况，每个人都有每个人的选择，不管是年轻人还是老人，都要懂得互相尊重。

上小学的时候，有一次，妈妈带我逛街，我看见肯德基门口，有一个老爷爷带着一个小男孩在乞讨，当时小男孩手里拿着一个热气腾腾的汉堡，吃得特别香。

我小声对妈妈说："能吃得起汉堡，肯定是骗子。"

旁边有个带着小孩的阿姨听见了，对我说："不是的，汉堡是我给他买的，我看孩子饿了，就给他和我自己孩子都买了一个。"

我当时恨不得找个地缝钻进去，这件事过去了这么多年，我仍然记忆犹新，它时刻提醒我：每个人都渴望别人的尊重，哪怕是弱势的人。

一个人，只要遵纪守法，没有对他人造成伤害，没有对这个社会造成威胁，他便不该遭受任何形式的斥责。你可以对他的行为有所不满，有所质疑，但你要做的不是对他的决定、他的生活指手画脚，而是尊重。

那些拾荒者、环卫工人、工地工人……他们可能形象上并不光鲜亮丽，但是，他们和我们都享有一样的权利。他们的形象是一种无奈，而我们的尊重却是一种选择。

别成为那种外表光鲜，灵魂却卑微的人。

.. O2

听过一句很经典的话：现在人和人之间的矛盾，主要是有那么一拨人，总是用圣人的标准要求别人，却用小人的标准要求自己。

双标的人最可怕，只要别人和他的喜好、观念、选择不一样，立刻就忍不了了。

“我喜欢 XX 作家的书。”“你怎么那么没品位，我喜欢……”

“我喜欢 XX 明星。”“那个明星长得也不好看，演技也差劲儿，真不知道你喜欢他什么？”

“我昨天去酒吧了。”“哪个好孩子去酒吧啊，你这是要学坏啊。”

……

所有的问题，原本都不该是问题，只是缺乏了起码的同理心。以关心他人之名，肆意评判，强迫他人按照自己的观点和想法生活。

世界这么大，每个人都有自己的价值观，本没有哪一种是绝对正确的。有人喜欢吃豪华料理，就有人喜欢吃街边小吃。

家里有一位长辈，自从加了他的微信，就深受其扰。

退休的他，没事就喜欢刷朋友圈。尤其喜欢盯着小辈的动态，但凡有人发了他觉得不合适的内容，他就会直接私聊开始教育你。

大段大段的文字发来，字里行间都带有一种不容反驳的气势。非得你承认自己错了，他才会满意地停止对话。最后，所有的小辈都屏蔽他。可见，真的不要随意介入别人的生活。

人的烦恼，归纳起来，不外乎三件事：忘了自己的事、爱管别人的事与担心老天爷的事。

连岳有句话说得好："对他人的私事不关心、不介入，允许他人的道德观、生活方式和自己不同，将消除世上百分之九十以上的烦恼。"

最高级的教养，是接受别人的"不喜欢"，也尊重别人的"不同"。

一个人是否有教养，得看他如何对待自己"不喜欢"的人与事。生活中很多人喜欢以自己的标准为尺度衡量别人。

一个真正有教养的人，他能包容不同，而不是不顾他人的想法和感受，以"为你好"为名，强行灌输自己的价值观。学会接受别人的"不同"，是每个人都应该学习的一门课。

每个人都有自己的三观和感受，如果你不能完全理解，请试着学会尊重，学会包容你不理解和不理解你的人。

正如康德所说："我尊敬任何一个独立的灵魂，虽然有些我并不认可，但我可以尽可能地去理解。"

别用圣人的要求对别人，更不要用小人的标准对自己。和而不同，是一种境界，更是一种教养。

每个人，无论美丑胖瘦，无论是否愿意捐款、献血、当志愿者，无论是贫穷还是富贵，都有权利在不影响别人的情况下，用自己喜欢的方式，过自己的人生。

有一句话说：相比做一个英雄或女王，成为一个快乐的路人，更是一种勇气。

人活着是为了什么？每个人都有自己的答案。过自己想要的生活不是自私，要求别人按自己的意愿生活才是。

当你读懂这一句话，你就会明白：最高级的教养，是接纳别人跟自己不一样。

.. O3

我第一次吃西餐的时候，对餐桌礼仪的认知约等于零。幸好同行的一位姐姐言传身教，我才手忙脚乱吃完这顿饭。

姐姐一边用餐，一边向我讲解，举手投足尽显优雅高贵。内容包括如何喝咖啡，如何切牛肉，如何摆放餐具，如何用餐巾，如何叫服务员。

这顿饭吃得我面红耳赤，这么大的人，吃饭还要别人手把手教！西餐文化果然博大精深，一顿饭还有这么多讲究。

最后上甜点的时候，姐姐说了一句让我受用至今的话。

大概的意思是：有一点我希望你能记住，那就是，如果和你用餐的人违反了之前我对你说的任何一条，哪怕他全部都没做对，你也不要放在心上，忽略掉就可以了，因为一旦你因餐桌礼仪而产生了对别人轻视的念头，那便是最大的失礼。

这句话颠覆了我的吃货观，不，是人生观，我第一次明白了同理心的重要性。

所谓同理心，简单地说，就是将心比心的尊重，设身处地地换位思考。不光懂得己所不欲，勿施于人，同样也知晓己所欲，也勿施于人。

可惜，有的人的认知就是非此即彼，极为偏颇，完全不能尊重和自己不一样的生活方式。

他们并不知道，人与人之间，只是一种方式对另一种生活方式，只有价值观与价值观的不同，没有价值的不同。

你觉得拥有奥迪与迪奥很炫很自豪，而我拥有一盒奥利奥也真觉得很开心啊。

你漂泊在外，拍拍照片、写写字，觉得文艺大气格调高，我在自己的格子间办公室，兢兢业业，默默奋斗也很光荣。

生活的方式千姿百态，每一样都值得尊重，你可以选择你的追求，但你真的不能把你的价值观凌驾于他人之上。

双标的人所表现出来的优越感只不过是自卑感以倒立的姿态走路。即使穿得起香奈儿，骨子里还是住着一个裹脚的老太太。

说真的，我们都那么优秀了，你还哪里来的优越感？重点是，你也未必优秀。

这个世界就是有严重双标的人，对别人要求很高，对自己要求很低。遇到这样的人，应该怎么办？自己气到炸裂，要不要 diss 回去？

千万不要，如果号叫能解决问题，驴早就统治世界了。

就像我对小谷说的，林夕的一句歌词可以概括：若无其事，才是最狠的报复。唯有活得肆意痛快才是对双标人士的最佳反击。

如果你和他撕扯，不仅样子难堪，还会浪费很多精力和时间，这正是他希望的：来啊，互相伤害啊。此时，你要是和他纠缠，你就输了。

看一个人的价值，去看他的对手就行了。我不是不想和你斗，而是你不值得让我斗，我不屑于和你斗。

或许，每个人心里都曾有过报复的怨气。有的是因为前任，有的是因为前老板，有的是因为无厘头的人。当你被伤害、被欺骗、被辜负，这些事情真正的意义，只是为了让你更清晰地看懂一些事和一些人，而纠缠的过程，只会加剧损失。

不是所有人都处于同一层次，当你在生活中遭受到不被理解时，先不要急着争个输赢。你要清楚，并不是所有人都配得上你的解释。

你无法改变身边人的品性和素质，但庆幸的是，你有选择远离他们的权利，不与他们做过多无谓的争辩和纠缠，这就是对自己最大的保护。

这并不意味着软弱或退让，当你耗尽了精力，却难以消除人与人之间的认知差距，你终会明白，沉默是最好的武器，它比爆发更有力量。不计较，才是最好的蔑视。

经得起多大的诋毁，就受得住多大的赞美；承受过一百次误解，才有资格接受一千次点赞。

真正心态开放的人，包容不同，有同理心。他们不会以自己的“是”，随便去定义别人的“非”，他们总能随着生命的流淌，发现美好的人。

人生需要向前看，你要做的事情很多，如果把精力和时间一味耗费在无益的事上，那还有多少关注，用来提升自己呢？如果你想要收获一个丰盛美满的人生，就千万不要和烂事纠缠。

.. 体力决定你飞得多高，内驱力决定你走得多远

不要对每件事情都那么严格，弄的全世界好像只剩挫折。很多人所谓的自律，只不过是在试图掩盖自己无处发泄的焦虑。真正让人快乐的，并非自律本身，而是自律背后的自我认知。

.. O1

“自律”这个词出现的频率越来越高，每次一说到“自律”，总会想到一些很鸡血的场面：

某位高大魁梧的帅哥，严格执行着肌肉训练计划，在健身房里舞动着各种器械，脸色坚毅，挥汗如雨；

某位职场白领，雷厉风行，几天几夜不眠不休，飞越城市，跨越时区，拿下一个又一个客户，敲定一单又一单生意。

但是，想象总是美好的，现实是什么样的呢？

乐怡真的瘦了，连续三个月，以纯燕麦混合藜麦、糙米饭、水煮青菜为食。每天早晚各一小时慢跑，穿行于各大健身房。变着法地学习各种减肥法，成天盯着体重秤，重了一点点，立刻跳绳三百次。

三个月后，效果真明显啊，头发干枯，嘴唇开裂，走路都飘起来了。的确是瘦了，身体也真是吃不消了。

终于有一天，她爆发了。以百米冲刺的速度冲进厨房，把家人吃剩的饭菜席卷一空，然后满足地擦擦嘴，露出了久违的笑容。

博文在别人眼里，是个计划狂魔。每天的计划从清晨六点开始，直到夜晚十一点，包括吃饭和上厕所都规定时间。朋友几次约他吃饭，都被他婉拒，生怕错过网上课程。

慢慢地，他开始讨厌与人搭讪，讨厌所有扰乱计划的琐事，讨厌无益的开销与应酬。时不时，就忍不住鄙视自己："计划又泡汤了？你怎么动不动就困？你是蠢吗？再这么搞下去，你就完了！"

他像机器人一样严格执行程序操作。数不清的待办事项，密密麻麻的最后期限，一项一项完成，逐个打钩，心里才舒坦。要是计划搁浅，行程生变，负罪感会瞬间满格。

乐怡和博文，都是狠角色。但是，看着也真是累。

自律这件事，也有真伪之分。不是出自内心热爱的自律，都是伪自律。伪自律者们，总会被不合理的执念洗脑。

“她比我瘦，是因为她比我吃得少，运动多。”

“他不喜欢我，一定是我腰不够细，腿不够长。”

比如成天苦瓜脸的乐怡，她从未在意减肥带给自己的内心变化，只是单纯压抑自己的欲望，忍受食欲被剥夺的煎熬，透支本就不多的意志力。

事实上，任何需要高度自律的事，都很难长久。没有一种意志力，需要你以绷断神经、透支身体为代价，换取一时一刻的成效。

若在你眼里，跑步要咬牙，加班要咬牙，投入学习要咬牙，其实也间接承认了，维持这一切根本不是出于你的本意。

安·兰德有一句话：“为了将事情做好，首先你得喜欢做这件事，而不是喜欢这件事情的结果。”

有一类人的痛苦是这样的：这个工作我虽然有兴趣，但前景不够好；为了人生长久的幸福，先努力赚钱，在三十岁之前买房；我虽然有选择单身的自由，但那些走入婚姻的人显得更有安全感……

这是非常典型的结果导向带来的痛苦，人们在决定是否做某件事、是否进行某项人生选择时，只根据它的目的判断，而忽略了事情本身。

你当然可以为了某个具体的目标而行动。但如果你的每一次出发都只为了目的地，会把你的每一次“努力”变成“忍受”。

人生是无法只靠忍受过活的。我们常说埋头赶路时，不要忘了抬头看看天。看天不是为了发呆，而是通过看天，来不断进行再校准：现在在做的事，到底是因为“应该”，还是因为对得起自己。

再看那些真正的健身爱好者，往往不太关注体重。他们选择跑步、游泳、练器材，并非为了一副骨瘦如柴的小身板，而是热爱运动本身。塑形或减脂，不过是个附加值。

他们赞成运不运动过的是不一样的人生，而且清楚知道，运动的成果不必用体重来评判，更不会拿落伍的标准来和他人比较。

无论控制体重或制订计划，最终是为了让你按照喜欢的方式变得更好。如果你总是照猫画虎，观望别人的生活，复制别人的节奏，就永远无法粘贴一个真实的自己。

.. O2

关于自律这件事，真的不用太上纲上线，有时候，仅仅能坚持不熬夜，就是一种自律。说不熬就不熬，谁能做到，我真的做不到。

2017年诺贝尔生理学和医学奖获得者研究发现，熬夜会令人变丑、变胖、变笨。

现在越来越多人熬夜，且多与手机有关。医生说：长期熬夜会容易高血压、内分泌异常，代谢紊乱引起糖尿病，甚至肿瘤……吓得我赶紧关掉手机，上床睡觉。

早睡早起，这简单的四个字，成了我们最难实现的自律。

没过几天，听朋友说，他们公司的老板去世了，才三十五岁，年轻有为，半夜在工作室猝死了。

老板是一个很自律的人。他每天都要喝着黑咖啡，熬夜加班。从年初忙到年底，节假日都不休息。在工作之外，他还制订了特别详细的学习计划，把目标分解落实到每一天。所以，他的日程表，排得密密麻麻，内容多得让人焦虑。

他非常认真，不完成当天的工作，绝对不睡觉。因此，他每天晚上，都会熬得满眼血丝，常常半夜两三点才休息，有时甚至更迟。

他经常跟员工说："成功，取决于你在八小时之外的努力，所以年轻人一定要自律。"

他的说法，当然很励志。可是，他忘记了一点：自律的正确姿势，是抓住努力时的每一分钟，而不是抓住每一分钟去努力，最后拖垮了身体。

虽然自律是有成效的，你的时间投入在哪里，回报就在哪里。但是，你不能只盯着可见的事业收益，却忘了你投入了过量的隐形健康成本，埋着头，拼着命，只顾往前冲。

人生不是短途跑，而是马拉松。如果你在半路上，就耗尽了所有的能量，那最后的荣耀，也就与你无关了。

自律，是你得到成功的保证，而健康，才是你享受成功的前提。拥有健康的时候，你未必懂得珍惜，失去的时候，才会恍然惊觉，它是多么可贵。

很多优秀的人，都像朋友的老板那样，严于律己，疯狂打拼，仗着年轻力壮，不顾惜身体。可是，如果有那么一天，你站到了生命的边缘，而冷酷的死亡，就像悬崖下的深渊，展现在脚下，那时你就会发现，曾经执着的一切都是浮云，唯有健康才是硬道理。

顶级的自律，并不是拼尽全力，而是节制自己；并不是在短期内野蛮生长，而是在长期内计划合理，作息规律，让你的成长适度、从容、可持续。

有些人熬夜，是因为太勤奋，非常严格地要求自己；而有些人熬夜，则是因为白天没做出什么成绩。

网上曾经流行这样一句话：我们熬夜工作，不是因为晚上有灵感，而是因为白天的碌碌无为，引发了愧疚感。

想想看，很多人正是如此。白天刷刷微博，看看视频，逛逛淘宝，在朋友圈点赞评论，再跟别人聊上几句。东摸摸，西忙忙，一天的时光，就在浑浑噩噩之中，飞快地过去了。

夜深的时候，回顾这一天，都不知道自己做了什么，也不清楚时间都去了哪里。于是，就想要弥补，熬夜多做几件事，好告诉自己：

“我今天没有虚度时光。”但是，越晚睡，第二天就越没精打采，就越容易一事无成，到了晚上就会更愧疚，更难受，形成恶性循环。

自己熬的夜，哭着也不能睡；自己选的路，跪着也要走完。但问题是，你为什么要哭着熬、跪着走呢？轻轻松松休息，高高兴兴上路，也许更容易走完这段路。

卓越的努力，不是透支健康、煎熬内心，而是保存实力，养精蓄锐；最好的自律，不是消耗自己，而是滋养自己。

有人说：伟大不是管理别人，而是管理自己。而管理自己的第一要务，就是管理你的身体。不熬夜，不过度消耗自己，才是顶级的自律。

.. O3

说归说，终归要落到实事。

你是否也发毒誓晚上十一点前睡觉，却在半夜两三点打游戏刷手机？

你是否也立下 flag 每天跑步五公里，却一回家就钻进被窝，嚼起薯片，全程葛优瘫？

你是否也制订计划背单词，但是字典翻两页就没兴趣了，几年下来只记住一个 abandon。

……

你看起来就像戏台上的老将军，背后插满了 flag。

你以为都是意志力惹的祸？错，说白了，自律是一场动力和阻力的角逐。它的本质，在于你是否激发了自身的内驱力。

内驱力，是内功心法一样的存在。如果说外驱力是输血，那么内驱力就是造血。有目标并能坚持的人更多的是靠自己造血，而不是靠别人输血。

激发内驱力，并不意味着每件事都能做到、做好，但它必定是一种成长，为你克服人生的一个又一个困难提供源源不断的动力。

鸡蛋，从外打破是食物，从内打破是生命。人生亦如是，从外打破是压力，从内打破是成长。如果你等待别人将你打破，那么你注定成为别人的食物；如果能自己从内打破，那么你会发现自己的成长相当于一种重生。

我身边那些真正的大神都有一套不被轻易撼动的价值观。这件事我真心喜欢吗？这件事我必须做吗？我能够为此负责吗？比起盲目争斗自我内耗，他们坦然而笃定，不会为了做而做。

正因如此，难熬之时，他们也很少纠结于公式化的时间投入，而是把精力放在欲望的转移和吸收。

所谓的高度自律，是你我眼见的表象，于他们而言，是习惯亦是本能。旁人嘴里苦行僧般的生活，对他们来说就是一蔬一饭，三餐四季，再寻常不过。

顶级的自律是内驱力的驱动，潜移默化地渗透在生活当中，让你在那些最平静、最朴实的小细节里，约束自己，要求自己。

曾有这样一个流传很广的故事：

有一个人问禅师："你可有什么与众不同的地方？"

"有，我饿的时候就吃饭，困的时候就睡觉。"

"这算什么与众不同，众人皆如此，并无分别。"

"当然有分别。别人在吃饭之时，总是千般思虑，不专心吃饭；睡觉之前，总是万般求索，不愿意安眠。而我该吃饭时便吃饭，该睡觉时便睡觉，自然与众不同。"

千万别用自律给自己画出一个框子，把自己框进去。人生最美的那部分，正是我们无法掌控，然而却心中期望的未知。

成功的人生，并不是为了成就更好的自己，而是更好地成为自己。

自律这件事，终究不是眼里看看嘴上谈谈那么简单。再说了，就算现在定力稍欠又如何？起码，这是一个和自己相处、磨合、修整，进而升级自我的绝佳契机。

别人每天跑步五公里得到的好身材，你若心脏吃不消，那就饭后散步保持体形；别人在自习室从早到晚十几个小时，你若觉得超负荷，那就专注真正有效的时间。

自律是一场 hard 模式的游戏，游戏的过程虽然艰难，但是胜利之后的成就感，也是普通模式难以企及的。自律是把制订游戏规则的权利留给了自己，而约束则是把制订规则的权利留给了别人。

不必高估别人的定力，菲薄自己的能力。做他人眼中的强者、女神，或许并无意义。

普通人需要付出更多的努力才有可能跟上天才的脚步，这不是不公平，因为更多的努力带来的是天才感受不到的经验和理解。

.. 不主动认错，生活就会逼你认错

为了实现梦想，有时候你得先放弃梦想。这不是妥协，而是成熟。狠心放弃像是刺了自己一刀，实际却是为自己及时止了损，不至于一次性输掉整个人生。

.. 01

朋友小 R，和一个比自己大十几岁的男人在一起三年了。刚开始，两人感情特别好，小 R 觉得找到了真爱，一心一意想和他过一生。

但是两个人的年龄差距太大了，男友心里总是不放心小 R，只要小 R 不在他的控制范围内，他就觉得小 R 背叛了他。

后来，两个人经常吵架，时间一长，小 R 受不了了。但是每次提分手的时候，男友都会跪地痛哭，反复忏悔，发誓再也不这样了，接下来几天，待小 R 特别好，甜蜜得让你嫉妒。没甜几天，就又不耐烦了，继续恶声恶气。

有一次还动了手，小 R 下定决心分手，结果上演了一场旷日持久的分手闹剧。

渣男要求小 R 把恋爱时花的钱还给他，算下来不到五万块钱。小 R 当然不肯给，说这简直是天大的笑话。

见小 R 不给，渣男竟然上门骚扰小 R 的家人，还在小 R 家的楼下等她，反正就是缠着不罢休。

小 R 说："那些不都是你送我的礼物吗，现在要回去，是男人吗？"

渣男来了一句："当时是送给我女朋友的，现在你不是我女朋友了。"

朋友都叫小 R 不用管他，钱肯定不可能给，就让渣男闹。

小 R 考虑了一段时间，把钱还给渣男了，小 R 说："钱我可以再赚，我可不想再和这种人纠缠下去。"

钱收到了之后，渣男没有可以吵闹的理由了。奇葩的是，过了两三个月，渣男又来找小 R 想复合。

小 R 斩钉截铁地说："你可以去死了。"

很多人没有小 R 这么理智，她们被渣男伤害之后，还相信对方会为自己转变。这样做只能使自己越陷越深，最终造成巨大的伤害。

其实，涉及感情的事，最明智的做法就是果断地离开，及时止损。

"止损"这个词很有趣，它本是经济学中的概念，是指当某一投资出现的亏损达到预定数额时，要及时斩仓出局，以避免造成更大的亏损，目的是把损失限定在最小的范围内。

感情无疑是一生中最大的投资，撩拨你的心，蒙蔽你的眼，让你不自觉地为喜欢的人奋不顾身。可是当这种真诚的付出得不到有效的回应，甚至被忽视、被践踏、被玩弄、被利用时，何不及时放手，重获新生。

遇到无法逆转的伤害，与其抱着侥幸心理，自欺欺人地觉得可以回到原点，不如断臂止损，重新开始。你死守着不愿舍弃的东西不会变成宝藏，只会成为绊倒你的障碍。

人一辈子不可能都是顺的，总会摊上点什么事情，金钱上的损失都是小事，早晚都会赚回来，就怕人留在坑里出不来，把自己的信心、梦想，以及良好的品质丢掉，那才是最致命的。

不要为已经打翻的牛奶流泪。你的舍弃，不是为了成全别人，而是不再囿于困局，放弃自己以后的人生。

爱就请深爱，不爱就离开。在这个世界里，保证自己有进有退的人才是生活的智者。

.. O2

表哥刚工作的时候，进了一家不太靠谱的公司，没几个月就因经营不善开始拖欠工资。老板每天苦口婆心地打鸡血，员工也兢兢业业地混日子。

表哥一直担心，如果企业破产了，他们的工资怎么办。后来他和姨妈商量了一次，既然老板已经承诺把他的工资调了两级，他就暂时留下。

看见表哥有自己的主意，姨妈也安慰他再等等看，也许公司很快就盈利了。最后表哥说，如果两个月后依旧如此，就立刻走人。

到了第三个月，工资还是没发，公司依旧苟延残喘，老板还在承诺，员工还是无所事事。表哥从小职员升到公司部门经理，工资也翻了两倍。

升职的感觉真好，但是口头承诺根本不能解决实际问题。表哥果断走人，临走的时候，老板又给他加一倍工资也没留住。

在他走后半年，公司倒闭，老板跑路，剩下一堆年轻的经理、副总茫然不知所措。而表哥当时已经找到了一份更好的工作，虽然同情昔日的同事，但也庆幸当时下决心离开。

一个是主动止损，一个是被动出局，后者无非在心态上可以给自己安慰：我在最低谷时坚持着没有放弃，却只等到一个无法承受的后果，被迫出局。

经济学里有一条鳄鱼法则，原意是假定一只鳄鱼咬住你的脚，如果你用手试图挣脱你的脚，鳄鱼便会同时咬住你的脚与手。你越挣扎，被咬住的就越多。所以，万一鳄鱼咬住你的脚，你唯一的办法就是牺牲一只脚。

从表面上看，你好像亏了，实际上你保存了实力，止损就等于再生。这个世界上，没有人可以永不犯错，错了就认，才能不断给自己重新开始的机会。

人生旅途中不仅有美丽的风景，还会有陡峭的山路和风雨的泥泞，如果发现自己走错了路，就要悬崖勒马、迷途知返。

莎士比亚年轻时曾是一个剧团跑龙套的三流演员，后来发现自己无表演天赋就理智地放弃了，一心一意进行戏剧创作，终成一代文学大师。

我曾经听过一句话：欠钱越多的人越能借到更多的钱。

开始不太理解，后来一琢磨应该是这样的：因为欠的钱多，别人怕你不肯还，不敢得罪你，才会再次借给你；或者因为欠得多而又没有能力还，就缺这笔钱东山再起，别人想让你还钱，所以借钱才会比较容易。

我不知道别人怎么认为，不还钱反正我一定是不会借给你第二次了。这样才不会损失越来越多，直到最后收不住口。

当你有了“止损”的意识后，你会发现一些原先困惑自己的问题将不再成为困惑，也避免自己身处泥潭而越陷越深，越纠缠越难以呼吸。

.. O3

在感情中，当你付出真心却换回来刀子，你的感情就应该进入止损流程；在职场上，当你做着一份不喜欢的工作，拿着不匹配的薪水，那么这份工作就应该进入止损流程；在人际交往中，当你的情分被当作义务一味滥用，你的善良就该进入止损流程。

不管你愿不愿意，这一生谁都难免会犯错误，会踩到不知道谁设下的陷阱。

人生总要经历一些失败。走错了路，爱错了人，选错了工作……这时候，要勇敢和过去告别，才不至于把将来也赔进去。

止损是一种放弃和终结，但它同时是另一种人生的开始。它有点冷酷无情，但避免了不必要的牺牲，赢得了长远和全局。

如果你的眼光足够远大，那就不会全盘皆输。

坚持一件事情很难，有时候放弃一件事情也并不容易。每个人都有一种侥幸心理，总会在心里暗示自己“以后会好的”。宁愿做着白日梦，宁愿委曲求全，却不愿迈出止损那一步，但这会让你失去的更多。

衡量一个人成功的标准，不是看他站在顶峰的时候，而是看他从顶峰上跌落低谷之后的反弹力。

如果你控制得了底线，评估事件以及意识自己的承受力，即便你赢不了，但你输得起，也为将来留下了翻盘的机会。

有时候，你以为的无路可走，其实是生命另一段旅程的开始。没能力看穿全局的你会心慌、焦虑、不知所措。

其实，搞不定可以绕道，虽然路远一点，同样能到终点；绕不过去还可以放弃，未必所有事情都值得坚持。

人心就像一个房间，往里塞的东西多了，留给未来的空间就少了。止损的意义就在于，当你不再沉迷于没有价值的事情，好事就会被你的气场吸引而来。

.. 善良没有长出牙齿，那就是软弱

这个世界，你若好到毫无保留，对方就敢坏到肆无忌惮。没有锋芒、没有棱角、总是弯腰的人，只会让别人习惯你的低姿态，你的不重要。

.. 01

《人间失格》里有一句话："我的不幸，在于我缺乏拒绝的能力，我害怕一旦拒绝别人，便会在彼此心里留下永远无法愈合的裂痕。"

人生的价值应该由自己来决定与评判，而不是让别人定义。但很多不懂拒绝的人，把自己的价值建立在别人的评价之上，以期获得其他人的喜欢。

不懂拒绝的你，遇见谁都像弹簧，你弱他就强。活在别人的世

界里，最苦的那个人，是你自己。

在社区工作的朋友小林，最近遇到了一件糟心事。细问之下，原来社区要举办一场惠民文艺会演，她是策划兼主持，因此被委任了不少工作。同时她也是社区里出了名的才女，会写会创作，一些和文字相关的工作经常要她帮忙。

这些并不在她的工作范围内，当时她手上有一个项目正在忙，再加上为活动做主持的准备工作，已经很繁重了。但她一向好说话，别人有求于她，她从不忍心拒绝：

“小林，你最能干了，帮我把这个稿子写了吧。”

“小林，我女儿生病了，今天得早点走，你帮我把这个报告写完吧。”

“小林，你快来帮我看看，领导让我做一个活动方案，得怎么写呢？”

……

最后，这场活动的筹备过程中，她成了最忙碌的人。

她加班加点，牺牲了陪伴家人、聚会和业余生活，终于把所有人的工作都赶完。同时，她也累病了，高烧四十度，喉咙失音，需要去医院输液。

她的主持工作，不得不临时找人代替。

忙前忙后，到了关键时候，小林自己的分内工作却完成不了，领导自然不开心。而那些当初求她帮忙的同事，这个时候不仅没有人来安慰，还有人说风凉话：谁让她逞强，做不了就早说嘛！

小林伤心死了，这才知道，拒绝别人是一门学问，学不会要受苦一辈子。

不懂拒绝别人，意味着你的时间精力，不断地被他人随意挪用，失去的是对自己生活的控制。

哈佛大学曾经针对一千多人进行了为期三年的追踪调查，结果发现：如果一个人学会合理的拒绝，就能减少百分之九十以上的不必要麻烦，更能减少大量的个人时间和财富上的浪费。

反之，没有掌握拒绝的技巧，他将会在自己的社会关系中，给人留下“老好人”“可随意差使的人”“从不懂得拒绝的人”的印象，无论是在职场、社会，还是家庭中，这种人生角色，都会消耗掉他的大量时间精力，甚至为此吃尽苦头。

合理的拒绝，恰恰是对彼此的尊重。

如果自己的理由出于正当，就不要害怕拒绝他人。当一个人开口提出要求的时候，他的心里已经预备好了两种答案。所以，给他任何一个其中的答案，都是意料中的。

忍受被拒绝，是每个成年人都具备的心理素质。通常内心坚定的人，都很清楚自己要什么不要什么，具有不被任何人绑架的特立独行。可是生而为普通人，谁哪能这么洒脱？

常常宁愿自己被逼死也不敢拒绝别人，这才是真实的处境。我们天生对人际关系有种不安全感，生怕拒绝别人就被割席、被抛弃、被讨厌。

于是能否满足别人的需求，似乎成了我们能否被喜欢的指标，为了这个指标，就算委屈到痛苦不堪也在所不惜。

.. O2

Rachel 和我说，她这辈子最大的弱点就是心软，不会拒绝人。

就像前阵子，她去国外出差，有一个朋友托她买一个摆件，因为不好意思拒绝就一口答应了。

整个行程只有一天，而且朋友要买的东西离她工作的地方特别远。为了给这个朋友带东西，她自己一样东西都没时间买，原本计划要去的地方也没去，急匆匆地买好东西就上了飞机，完全没享受到旅行的快感和乐趣。

等她回国后，还特意将东西打包好寄给了对方，并在微信里告知对方价格，完全没提自己的辛苦。原本以为对方会说声谢谢，结果却收到了这样一条微信：东西我收到了，但我觉得有点贵了，怎么卖得比淘宝还贵？

Rachel 把购物小票发给她看，证明自己没多收她任何费用，没想到对方却说：哎哟，我也不是怀疑你什么的，只是你看淘宝卖得那么便宜，你的价格都两倍了，要不算了吧，我不要了。

Rachel 无语了，这东西就是特地为她买的，她居然说不要了。最终没有办法，本来一共要一千五的东西，Rachel 要了一千二，对方才勉为其难地接受了。

还有一次，同事约她吃饭，她本来不想去的，架不住同事约了好几次就去赴约了。

点菜的时候，同事说随便，吃什么都可以，就把菜单拿给 Rachel，她就选了几个自己爱吃的菜，哪想到吃完以后，同事居然对她说："今天这顿饭几乎都是你点的菜，吃不完好浪费哦，要不这顿你买单吧。”

Rachel 说：“这样的事太多了，我就是不好意思拒绝，你说我做得对吗？”

我心里这个气啊，刚想用手指戳她脑袋，骂她傻，不过我深吸了一口气忍住了：“别人好意思为难你，损害你的个人利益，你为什么不好意思拒绝？”

像这些存心占便宜还不知道感恩的人，就不用把他们当朋友，趁早拉黑断交。

女生嘛，总是容易心软的，尤其在感情里，但是心软的下场就是自己的生活越来越惨。

有的人喜欢在爱情里无私奉献，我的一个朋友，家境比较富裕，男友家境一般，一般两个人出去，永远都是女方掏钱。本来也无所谓，结果男友越来越过分，工作不努力不说，还经常向她要钱。

朋友说：“要是他对我好点，我不介意给他钱花，但是现在除了要钱的时候找我，基本就不找我了，感觉自己就是一个自动提款机，为什么我的付出一次次地变成了理所当然？”

感情的事就是难以平衡付出与回报的比例，你越是努力，越是想要委曲求全，换来的越不一定是幸福。很多人在感情上都不够理智，大概道理都懂，可傻的总是自己。

明明知道这样做对不起自己，却不好意思拒绝，一碰到爱情总是委曲求全，因为不想失去，总是把在乎的人看得比自己还重要。

但是你别忘了，你为不值得的人心软，就给刻薄的人伤害你的机会。

如果你的一次次退让换来的是得寸进尺，你的一次次善良得到的只是他人眼里的理所当然，到头来自己一无所获，为什么要如此难为自己？

友善有时候是一种病，病就病在企图取悦所有人。过度友善的人害怕拒绝，因为在他们看来，拒绝别人同样是一件伤面子的事。

把面子看得比天还大，往往源于内心的弱小，事事害怕让别人失望，也是一种自卑。生活总有点欺软怕硬。一个完全不懂拒绝的人，也不可能赢得真正的尊重。

善良是很珍贵的，如果善良没有长出牙齿来，那就是软弱。善良不是你的保护色，你要让人看到你的底线在哪里，而不是纵容别人侵犯你的权利。

《破产姐妹》中的 Max 说得好：“为什么别人越来越不把你当一回事了？因为你太好说话了。什么事情，别人一找你就答应；什么东西，别人一给你就要。这样你就变得没那么珍贵了。做人除了说 Yes 之外，还要经常说 No。亲和力虽然很重要，但是人的价值，却是靠拒绝而来的。拒绝，可以让你变得更珍贵。”

你在别人身上善良一千次，还不如对自己仁慈一次。活着本来就不轻松；该撕撕，该忘忘，别再委屈自己了。

.. 03

现在，越来越多的人喜欢说，做人要爱自己。而爱自己的第一条就是拒绝那些无理取闹的要求，远离那些消耗你的人。毕竟人生苦短，不能因为烂人荒废了时光。

有的人能够过上特立独行、自由自在的生活，他们有脾气、有性格，只和喜欢的人打交道，从不在意别人的闲言碎语；而有的人一边喊着做人要扬眉吐气，一边却拼命往那些不适合的圈子里扎。

原因只有一个：缺乏实力。

不知道你有没有这种体验。

某天清晨，你发毒誓说这一天一定不跟小人生气，把时间留给喜欢的人、做喜欢的事。可结果还是被生活打脸了，总有一些要求让你无法拒绝，总有一些人你无法躲避。

当老板分配给你不属于你职务范围的工作，当客户拜托你给他代购，当不熟的朋友找你借钱的时候，你也一定想说一句“这些事，我不想做”。可你不敢，你怕一句话丢掉了工作，怕一次拒绝堵上未来的一条路，怕别人说你不讲人情。

说到底，你缺少一种失去谁都能过得一样好的能力。今天，你拒绝了，明天，生活品质就有降低的危机。

所以，你真的不能小看那些说拒绝就拒绝的人。不喜欢的人，他们想也不想就拉黑；不喜欢的事，他们连反对都懒得告诉你。说白了，没有你，人家什么也不缺。

过去，我挺讨厌这样的人，觉得他们自私、狭隘、没胸襟又没气度。可后来想想，我的厌恶里其实有一些羡慕。我也希望自己过上一种不必退让，更不必假装的生活，但我还没有那个能力。

朋友在一家酒行上班，代理各种洋酒，合作的都是一些高档酒店和餐厅，有的大金主着实不好伺候，态度傲慢，百般挑剔，时不时还要冷嘲热讽一句“你们这样的小公司，根本不符合我们饭店的档次”。

其实，他就是想给对方来一个下马威，方便日后讨价还价。你这么多毛病，我还选择你，你应该感激涕零地道谢才对。可是说的话也真是难听。

不过，毕竟是大金主，再难忍也要忍，朋友和同事们轮番赔笑脸。整整一天，每个部门都被折磨得鸡飞狗跳。一想到将来要服务这种人，心里说不出的憋屈。

可就在下班前一分钟，老板发了一封给所有人的邮件，朋友说当时大家都要站起来鼓掌了。邮件只有短短一句话：感谢大家今天的努力，经公司管理层决定，不与该客户合作。

同事们大呼解气，然后，整整一个星期，每个人都斗志昂扬，连那些平时踩着点下班的人都开始加班干活了。

这件事很快就在圈里传开了，很多人都对老板的拒绝津津乐道，大家都感叹终于有人愿意站出来治治那些觉得有钱就了不起的金主了。

我问朋友："你们公司现在是不是特别有钱啊？"他笑着点点头。

其实，一个态度别人就知道了你的实力。因为不差钱，所以有了拒绝别人的底气。可以轻松远离那些层次不同、三观不合的人，就是一个人最高级的炫富方式。

有些人担心无法融入集体而被社会淘汰，有些人却敢于活出自己的风格。他们可以随心所欲地拒绝讨厌的人，摒弃厌恶的生活方式，你担心的那些后果还一样都没有发生。因为他们有实力。

他们今天辞掉一份工作，明天就有猎头登门；他们今天拒绝你，明天就有大把的邀约。更直白一点，他们有一手好牌，想输也难。这样的人根本不需要在嘴上炫耀，更不需要在朋友圈里高调，他们手里有一个炫富神器，就是我有实力拒绝你。

帮人的方式千万种，拒绝的方式也千姿百态，但愿你能学会合理拒绝，过自己说了算的人生。

.. 事事追求完美，你将一事无成

现实是有局限性的，你不可能做到一切。真正的不为难自己，是明白竭力达到完美和尽力保证完成，后者才会让你更舒服，更有继续努力下去的余地和动力。

.. 01

生活中常见这几种情况：工作中追求十全十美，讲究亲力亲为，拒绝任何失误的出现；生活中对于装扮与家庭清洁要求极高；总是忍不住指责身边做事缺乏计划性的人；对自己极其高标准要求，在任何一件事中都能找到让自己生气不满的部分。

这就是我朋友小影的真实写照。

前两天，小影和我说，她想去看心理医生了，我吓了一跳，忙问她怎么回事。

她说自己的拖延症越来越严重了，小影有着很高的抱负，常常制订高标准、严要求的计划。可是每到该做正事的时候，她就觉得焦虑异常，担心自己达不到期望，于是不知不觉开始偷懒、拖延。过了几周，原定的计划进展甚微，她觉得完美的计划已经被破坏得不像样子，就干脆破罐子破摔选择放弃。

她非常苦恼，说自己之所以拖延，都是完美主义惹的祸。

每个人都有拖延的坏习惯，但是不能说完美主义导致了拖延，这就好比说打麻将总放炮是因为完美主义一样，是无稽之谈。也别说处女座就这样，处女座也不挡刀。

其实很多人都会在生活中遭遇类似的情况。他们给自己定了一个目标，还顺便设定了 deadline，然后努力朝这个目标前进。

有些人在 deadline 到来前能把事情做完，也能接受并非十全十美的结果；而有些人却因为反正也不完美了就放弃，拖过 deadline。

几乎所有焦虑都出自一个根源，那就是绝不允许自己出半点差错。在那个宁死也要捍卫的完美自我背后，总是藏着一颗惊魂不定、

不堪一击的小心脏。

尽管大多数抱怨自己焦虑的人看起来痛苦、自怜，甚至自怨。其实有点过分了，因为你想一步登天，你认为自己就应该是完美的化身，然而戏剧性的是，刻意追求完美也变成了一件最不完美的事。

中岛敦的《山月记》里有一段话，特别形象地解释了事事追求完美的后果："因为害怕自己并非明珠而不敢刻苦琢磨，又因为有几分相信自己是明珠，而不能与瓦砾碌碌为伍，遂逐渐远离世间，疏避人群，结果在内心不断地用愤懑和羞怒饲育着自己懦弱的自尊心……可事实是，唯恐暴露才华不足的卑怯的畏惧，和厌恶钻研刻苦的惰怠，就是我的全部了。但远比我缺乏才华，可由于专念磨砺而成就堂堂诗家的，也颇不乏其人。"

事事追求完美的人对待自己是不够友善的。可以说，这样的人苛求自己、胁迫自己做各种高难度的事情，害怕别人不接纳自己、不喜欢自己。

内心有一个声音总在提示，自己只有多做一些、再完美一些，才会唤起别人的接纳与喜欢。

总想一口吃个胖子，就只会噎个半死。你追求完美，却往往因此束缚了自己的表现。比起做得差劲，更差劲的事情是逃避。

.. O2

能顺利地完成任务、克服困难，并体验到完美感，对于每个人来说都是巨大的享受。所以无论考试答题、打游戏、完成工作任务、找到看对眼儿的恋人……只要能染上完美的色彩，都是极致的满足。

完美状态如此被叫好、被赞美，正因为它实在很难得。

以前看过一个电视剧，里面有一段情节是这样的：

父亲出差回家，进门脸色不太好。女儿见状，问他发生了什么事。

父亲说他在火车上遇到一个小姑娘，检票的时候，小姑娘发现票丢了，就问他能不能借五十块钱重新补票，她是某大学的学生。

父亲的第一反应觉得小姑娘是骗子，就说没有。

那个姑娘就去求助别人，最后把学生证和身份证都掏了出来。有几个学生正好也是那个学校的，就问了关于学校的信息，都对上了。一个学生就掏钱帮她补了票，说都是同学，互相帮助是应该的。

父亲说当时脸上火辣辣的，活了这么大岁数，算是白活了，没想到自己做人那么不善良。

女儿听到这里，给父亲讲了一个故事：

有一天，完美主义者询问大师如何能永远完美地生活下去。

大师对完美主义者说："你知道，这世界是一半一半的世界。天一半，地一半；男一半，女一半；善一半，恶一半；清净一半，污秽一半。很可惜，你拥有的是不全的世界。"

完美主义者听后不解，问道："为什么我拥有的是不全的世界呢？"

大师说："因为你要求完美，只能接受完美的一半，不能接受残缺的一半，所以你拥有的是不全的世界，毫无圆满可言。"

然后女儿对父亲说："你看见了那个姑娘真的是可怜的学生，你也会对她施以援手。你痛恨的是骗子，不是她。所以你能做到现在心里过意不去，就证明你已经很好了。"

你也是俗人，对于你看到的世界，不能强行过多地绑架自己。

追求完美的人，常常迫于真实和想象中的人际压力，要求自己做出没缺陷的事情或者做事过程要完美。因为只有在完美状态中，自己才会被别人和自己接受。

完美对一个人来说，也许是一种美好抱负，却往往也是一种自我束缚。

所谓完美，是个骗局。被焦虑牵绊、被得失左右的人，往往陷入了一个怪圈：生怕世事如对弈，一步若错，满盘皆输。然而，生活没有准则，选择并无对错，价值观是不断推翻重建的。

世界上没有超人，也没有完美的人，退一万步来说即便有，那也不是你，你要接受自己只是一个普通人的事实，接受自己的缺点，接受人生的不完美。

真正成熟的人由两部分组成，一半是对美好的追求，一半是对残缺的宽容。

.. O3

车尔尼雪夫斯基说："既然太阳上也有黑点，人世间的事情就更不可能没有缺陷。"

世上没有完美的人，只有坚持不懈追求自我完善的人。所以，我们更应该相信完成比完美更重要。

以前，我也是一个事事追求完美的人，结果，却让我养成了一个不好的习惯——拖延。在一件事情开始之前，我总是尽量准备得充分一些，甚至会过于充分，常常当时间所剩无几时才开始。

这也导致了我研究生毕业论文的第一稿非常失败。

为了写这篇论文，我找到了所有相关的文献资料，几乎学校图书馆能借到的书全部找齐。当时我选的题目比较庞大，做了很复杂的写作设想。最后，我没有办法完成想要完成的主题，直到必须交论文时，才草草收场。

论文交上去之后，我郁闷了很长一段时间，整个人都充满了挫败的情绪，一看到资料书就烦。想一想读了三年研究生，毕业论文是最能证明自己学有所成的机会，但却写成这样。

后来研究生导师给了我很大帮助，她提出了很多问题，我硬着头皮，在原稿上大量修改，发现越改越顺。第二稿交给她的时候，她又提出了新的建议，但是我修改的地方已经减少了。当第三稿交给她时，她只是稍加修改，这篇论文就成形了。

绝大多数时候，凑合着做完，比完美的半途而废要好。做再多的准备，如果没有最终的呈现，那么一切等于零。脑里山水千万里，不如脚下一步——哪怕是跌出去的一步。

我们很容易把事情做到八十分，但是想做到九十五分以上，肯定要花费比之前多几倍的时间。如果时间很紧急的话，这就完全没有必要了，因为错过了这个时间，很多机会就没有了。

有一个故事，一位老和尚觉得自己年事已高，便想从两个徒弟中选一个做衣钵传人。

一天，他对两个徒弟说："你们师兄弟现在出门去，给我捡一片最完美的树叶回来。"两个徒弟遵命而去。

没多久，大徒弟回来了，他递给师傅一片并不漂亮的树叶，对师傅说："这片树叶虽然并不完美，但它是我看到的最完整的树叶。"

二徒弟在外面寻找了半天，最终却空手而归，他对师傅说："我看到很多很多的树叶，但怎么也挑不出最完美的一片。"老和尚听完，若有所思，最后，他把衣钵传给了大徒弟。

不要想当然，不要强求，不要固执，不要太自我。肯定当下，认清现状的同时也看到变化；肯定结果，放下执念和胜负观，看见背后更大的机会；肯定过程，停止过度控制，让你的行动更加自然流畅；肯定自己，悦纳自己与世界的彼此融合。

永远要设定 deadline，完成比完美更重要。没有“必须”达成的什么，世界一直在变化，而你一直在成长。

司汤达的《红与黑》里说：“生命是充满缺陷的，消除所有的缺陷就等于夺取了故事的生命，一个有瑕疵但活生生的故事远比一个‘完美’的故事更加有力量。”

生活哪里有那么多一步到位，谁都知道两点之间直线最短，但是沿途那弯弯曲曲的风景不是更吸引人吗?

.. 如果你选择过爆款人生，就注定活不成限量版

踩着别人的脚印，永远也走不出一条崭新的路。人生如T台，要想无可替代，必须走出自己的台风。

.. 01

好友嘟嘟，是个胖姑娘。她不爱拍照，总是习惯性躲避镜头。高高举起的相机，对她来说就是枪林弹雨。

“唉，你要是再瘦点，就更好了。”因为男友的一句无心话，嘟嘟试遍各种减肥方法，苦头吃尽。半年时间，总算把体重折腾到二位数。

的确是瘦成了网红脸，可男友还是和她分手了。嘟嘟很不快乐，变瘦之后的小日子，并不比之前好过。

有一次，我和她逛街，正巧迎面走来一对情侣，女孩微胖，手

握冰激凌，她把冰激凌推给身旁男友，说：“哎呀，我不能再吃了，再吃更胖了。”

男友又推还给她，笑着说：“胖好啊，这样我喜欢你又多了一点。”

女孩开心得差点儿跳起来。

嘟嘟低头看看自己，呜呜哭了。

她变瘦了，变美了，可什么时候起，她被“瘦”字操纵了身心，以为瘦下来，全世界都是自己的。多吃几口辣条，惩罚自己疯狂跑圈；多喝几口奶茶，恨不得原地催吐。

“我过得不好，都怪我太胖了。”正是对体重的过度关注，让她长期处于“节食、厌食、再暴食”的怪圈，深陷于减肥的痛苦——越是想要控制身材，越是过得无比糟糕。

认识的女孩儿里，像嘟嘟这样的并不少。她们将小 V 脸和尖下巴视为审美标准，把瘦成一道闪电作为奋斗目标。开口闭口，也就几个词：A4腰，马甲线，反手摸肚脐，七寸脸……

更有甚者，把身材好坏当成自我价值的评分标准。“我想快点瘦下来。让前任后悔！”“要是我漂亮点，怎么可能处处碰壁？”“我要瘦成 XX。”

两人分手，都怨自己腰圆腿粗，入不了对方的眼；求职失利，都怪 HR 外貌协会，就知道优先挑好看的。可是，你真以为对方不爱你，是因你长相一般？公司不选你，是因你微胖身材个子矮？那真是大错特错。

他们挑剔的，何止是你的外表。拒绝人的方式千万种，拿外表说事是最不费力的一种；而改变自己的多种方式里，靠外界点赞是最没底气的一种。

当你以高额代价去追求骨感的美，因为他人偏见而饱受质疑的苦，又是否明白，爱情、事业，从来与你的外表无关。

好的关系，不是强加观念，也不是刻薄欺凌。那些有事没事拿你体重损你的人，不要也罢。

一个从众的人是没有前途的，因为他不知道，一个人的特点，往往就是他的优点、闪光点。你和别人不一样，才能绽放属于自己的光芒。

人们总愿意在瘦身、减重、美白、化妆和服饰上尽量让自己显得美好，却很少花时间反省自己的语言和行为是否得当。所以在日常生活中，总是任由自己完全接受大众媒体惯用的辞藻和语气操控，随波逐流。

你在彩妆和名牌手袋上似乎很强调个性，但是说起话来众口一声，做起事来千篇一律，而浑然不觉得丧失了自我。这不是很荒谬错乱的心态吗？

其实，这也从侧面反映出一个人的从众心理。

你常以为你就是你，是颜色不一样的烟火，现实恰恰相反——你习惯依附于他人，没有自己的思想；习惯跟随别人起哄架秧，没有自己的主见；习惯人云亦云，没有判断事情真伪的能力。

.. O2

看过一个关于苏格拉底的故事。

一天，苏格拉底上课时，从短袍中掏出一个苹果：“大家集中精力，嗅闻空气中的气味。”然后，他回到讲台，举着苹果问：“哪位同学闻到了苹果的气味？”

几位同学回答：“我闻到了，淡淡的苹果香味！”其他同学你望望我，我看看你，都不作声。

苏格拉底再次举着苹果从学生中走过，“请务必集中精力，仔细嗅闻空气中的气味。”

回到讲台，他问：“大家闻到苹果的香味了吗？”

学生们异口同声回答：“闻到了！”

苏格拉底说：“非常遗憾，这是一个假苹果。”

你看，我们都很喜欢随大溜。

每个人都有潜在的从众心理：别人做什么我跟着做什么，我的行为就是正确的。

不知何时起，外表焦虑成了全社会的通病。

能控制体重，就能控制人生；嘴巴都管不住的人，还指望你能干吗……这类热门句子，看似很有道理。真正让它们走红的，往往不是里面的逻辑关系，而是戳中了很多人的痛点：人骨子里的自卑感和不安全感。

因为自卑作祟，所以紧盯大众审美，寻求外界认同；因为价值匮乏，所以恐惧不安，妄图把控人生。

生活中最大的误区，就是人们试图在无时无刻变化的世界里，建立并履行一个恒定的标准。什么是完美，定义一下；什么是优秀，定义一下；什么是爆款，定义一下。

巴不得解决某件事，便一键解答未来的所有命题——我考上好大学就能找好工作，我嫁了潜力股就能后半生无忧，我减肥成功就能全面开挂。

当偶然性成了必然性，外在主导了内在。外表和人生，便很自然地挂了钩。

这几年，身边有不少女孩儿，深受厌食症、暴食症、外表焦虑之苦，一病多年。

哪怕瘦成纸片人了，仍有强烈的羞耻感——她们不满意的，并非胖瘦本身，而是生活现状和自己。以体重形式显现的，更是内心深处的低价值感和对自我的不接纳。

但是“完善自己，让身心状态达到平衡”和“换取认同，被动活成爆款”，压根不是一回事儿。

这个世界确实看脸，但助人判断的，远远不止一副五官的排列组合。

我不想辩驳形象管理正确与否，也不否认一副好皮囊的重要性。我比较反对的，是把重要性当成决定性，是把所有不满意不如意全归咎于身材，把一切转变的可能性百分百寄希望于颜值。

别忘了，你过的是你的生活，你活的是你的人生。你可以有克制地放纵，有限度地宠爱自己；也可以欣赏赞美别人的好样貌，笑一句胖也挺好。

没有谁的人生，是可以被颜值定义的。你可以享受一抹红唇带来的愉悦，但是千万别神话一支口红的魔力，让它去点缀你的人生，而不是成为你的人生。否则，你的人生未免太廉价。

美好如你，别瘦在别人眼光里，烂在自己的执念里。也许看似爆款的人生，根本就不适合你。

.. 03

之前同事小美跟我抱怨新买的一瓶香水，她一点都不喜欢，感觉钱白花了。

我说："你不是在专柜试了才买的吗？"

“不是，我找的代购，这款香水特别火，买的人特别多，再不出手就断货了。我想应该很好吧，就直接下单了。结果这味道我闻了头晕。”

气味这个东西真是因人而异，别人认为香的未必适合你。你不看自己喜不喜欢，适不适合，就盲目找代购买下，只是因为这款香水很火，用的人多。即使用了以后发现不喜欢，我猜，下一次你还是会毫不犹豫地跟风。

和小美一样的人真不少，嘟嘟不也是吗？衣服总是买网红店销量几千的爆款，口红只买当季最热门的色号，A4腰火了赶紧要瘦下来。

可衣服买回来经常不合身，穿出来和网上图片一对比，完全就是“买家秀”和“卖家秀”的区别；口红热门色号也不一定适合自己，在别人嘴上是精致女王，自己涂上就特别显黑；完全不顾后果的减成 A4腰，没什么加分效果，整个人反而显得有点儿飘。

如果你觉得爆款就是品位，就是进入了一个怪圈，那就是，你实际上追求的品位，只是为了迎合别人心中的审美，而不是真正发自内心的感受，这又怎么能叫品位呢？

不是说流行的东西庸俗，但是最起码的标准是适合自己。如果你把自己活成了“爆款”的样子，那就意味着你永远限量不起来。

你穿烂大街的衣服，喷烂大街的香水，瘦成纸片人却病恹恹的，甚至连思想都只会盲从别人。那你就像流水线加工出来的模具，被打磨掉了自己原本的形状，变得毫无辨识度，彻底失去了自我。

如果没法抓住人物的内在本质，外形再像也不过只是单纯的cosplay。

你的选择被大多数人的选择所定义，那就一定走不出你真正喜欢的路。别让自己变成廉价的爆款，只有寻找真正属于自己的路，才能活得精致而出众。

比起爆款人生，你更应该拥有一种专属人生。不必迎合大众审美，不用把大多数人的观点强行塞入脑中。遵从本心，取悦自己。

选择的标准不是火不火、热不热，而是自己觉得喜欢、合适就好。

“时尚”不会让你变得性感，你的“经历”和“想象力”才会让你变得性感。而要想得到这些性感没有别的捷径，唯一的方法就是你得好好生活。

穿自己喜欢的衣服，喷自己喜欢的香水，听自己喜欢的歌，走自己喜欢的路。不被他人束缚，才能活得快乐而自由。

你要相信，当你自信地以自我示人，无论是外在还是内在，你在别人眼中都是一道独一无二的风景。

请接受你现在的样子，同时也完善你现在的样子。运动让你更有气质，读书让你看见未见过的世界，穿衣打扮让你对每天都有期待，不需要成为别人嘴里的那个人。

只愿你自己在摩肩接踵的人群里，不会因为平凡而感到心慌，心里要想着，这世上没有第二个你了。

.. 能力不在脸上，本事不在嘴上

最怕你说时天下无敌，做时无能为力，画饼大过天，兑现无期限。记住，没有谁的成功是喊出来的。

.. 01

几年前，我曾在广告公司工作过一段时间，当时我们总监急需一个助理。刚准备发布招聘信息的时候，市场调研部的老总就把他的助理推荐给总监，说此人如何如何优秀。

总监面试后，发现小伙子确实很厉害，能说会道，知识面广，给人的感觉很上进。

我们当时都纳闷为啥这么好的人才，人家不留？但过了一段时间，真相大白了。那个助理的知识面真的太广了，分析市场一条一条的，谈创意简直天马行空，但要命的是：他就是不能按要求处理好任何一件小事。邮件写得词不达意，错漏百出；领导来开会，他总是高谈阔论，而忘记端茶倒水和会议纪要才是他的本职工作；写预算报告，第一页的数据就错了，叫他修改后，发现后面的数据还是错，问他原因，他说只让他改了第一页的数据……

我的天啊，后面的数据都来源于前面的推导，前面改了，后面当然也要跟着改啊。

总监真是拿他一点办法没有，他也很不开心，没干多久就请辞了，理由是：在这个部门完全没有他发挥的余地，感觉每天都在处理鸡毛蒜皮的小事。

总监没有挽留他，估计也是被他折磨得够呛。

我其实很明白总监的苦恼，当年他也是一步一步通过自己努力爬上来的。

他曾经在半年内为公司带来近几亿的业务收入，看起来几个月的准备期并没发生什么大事，有的只是每天晚上十一点定时召开的电话会议、上千个邮件回复、上百次的方案修改意见……

你以为职位、级别很高的人就能摆脱琐事，还真不是这样。以我的观察，公司职位最高的几位领导，并非想象中那么意气风发、运筹帷幄，他们每天面对小事的数量更是普通员工的几百倍。而他们要做的，也仅仅是把每一件小事做好。

TED 上曾经有一个节目，叫《不要公开宣布你的个人目标》。

演讲者提出了一个很多人都不曾留意的现象：你告诉了其他人你想要实现什么目标，想要做什么事，然后想象他们的祝贺和他们眼中英伟的形象，说出来会很爽，感觉目标已经成了你的一部分。

但是演讲者说，最好闭嘴，因为这是你自我感觉良好，思维定式让你有种错觉，好像你的目标已经完成了。但其实你还没有尽力去做。

高调的决心不会被人看重，只会落人口实。如果痛下决心之事恰以失败收场，那你会更加难堪。

人生的意义就在于脚踏实地地去落实一件件小事，而这些小事，当你回头往后看时，都是大事。

《智慧书》里有一句话："若你的成功出人意料，则更能受到钦佩。凡事要留有一点神秘色彩，正是这种神秘让人肃然起敬。"

.. O2

每个人的周围都有这样一群喊着努力的人：

“你见过清晨五点钟的校园吗？我都在背单词了。”

“你知道我接手的 case 有多少吗？说出来吓死你。”

“你知道我每天跟什么人打交道吗？全是业内的大咖。”

说见过清晨五点钟校园的 Y，从进入大学以来就昭告天下，他的目标是出国读研。

除了英语课，其他的课能逃就逃。英语课上，老师的讲解他会随时打断，用他那一知半解的东西补充。

期末考试，他的英语挂了，每道题他都出现了语法错误和拼写错误。还有一道题，是老师给过的一本参考书让写书评的，他根本没看，自然写不出来。

老师告诫他，不要浮在半空中。他没有听进去，还是天天喊着我在努力学英语。

后来的结果可想而知，其他课的成绩很低，英语也不高，申请国外的学校自然成了问题。因为出国还要看 GPA，绩点不高，好多国外大学都不能申请。

那个说自己接手了好多吓死人的 case 的人是一位律师事务所的律师。自诩是专门打房地产纠纷的能手。来找他的客户，他都要先吹嘘一番，他对这样的纠纷太了然于心了，成功地处理过上百个案例。

放心交给他，一定能赢。客户被他的背景唬住了，就交给他办理。但他从不仔细了解客户的资料，也不去调查实际的情况。

结果好几次出庭非常被动，丢了好多官司。他的这种做法给事务所也带来了损失，名声不好，来找他们打官司的客户自然也少多了。最后他被解聘了。没有真本事的做法，必然遭到淘汰。

吹嘘自己跟大咖打交道的 J 是一个经纪人，曾给明星代理过业务。后来到了一家公关公司应聘。在谈待遇的时候，他就搬出了自己的这些背景，还拿出了几十张跟名人的合影，谁知道是真的还是 P 的。

但公司的 HR 说，这不代表什么，你到我们这里要重新开始，从基层来做。J 顿时不满，凭我的资历，来你们公司都屈才了，要不是朋友介绍，我都不会来。起码也得让我从中层干起。

HR 看他不可一世的样子，只好说那对不起了，我们需要看你的能力和表现才能定级，你再去别的公司试试。

J 怒气冲冲地走了。至今，J 都无业，不知道是他在挑选别人，还是别人都拒绝了他。

没有谁的成功是喊出来的、是吹牛吹出来的。无论你要做什么事情，伏下身子埋头去做就好。你若真有过什么辉煌的经历，重新开始的时候，就不要再提往事。

眼高手低和异想天开是成功的大敌。眼高手低让你脚不沾地，没有建树；异想天开让你故步自封，止步不前。唯有踏实干事，才会离自己的目标近一些，也快一些。

彦博家境贫寒，靠几份兼职，才赚够了上大学的学费。

他见过凌晨五点的城市，因为他要去布置会场。为了考出好成绩，几乎每晚看书都超过十二点。年年都拿一等奖学金，但从没有吹嘘过。

他因为刻苦和优秀获得了全额奖学金，出国留学攻读硕士。归国后，他的第一份工作是在一个大型商场的市场部做助理。面试的时候，光鲜亮丽的学历被他淡化成只在海外读过书。

他的所有的国外工作经历，他仅仅告知人事在海外打过工。对于面试官的任何问题，他都谦卑作答，接受最低的职位。从这一起点开始，他每年的业绩都是全公司第一。提职加薪，直到后来被猎头公司挖走。

经历了两家大公司的锤炼后，现在稳稳地做到了风投公司的副总裁。他从不提过往吃过的苦。

成功的人，不会空喊，不计较过程。他们只会一路向前，去接近和实现自己的目标，从而成为最优秀的自己。

.. 03

你也有过这种经历吧，打开微信，看到朋友圈一篇好的文章，第一件事，先点收藏，然后想着以后慢慢看。某天无意间翻看收藏夹，才发现收藏了好多好多的文章，估计有几百了吧。

什么类型都有，专业的、美容的、美食的、美发的、服饰的、养生的、教育的、旅游的、娱乐的，美文诗歌也不少。还有好多过期的演唱会，展馆资讯，却通通因为没时间去而忘记了。

这只能说你收藏的都是你想要的生活，但是你却没有去做，只能把这些放在收藏夹里。

看到别人推荐的好书，立马收着等有空再看；看到别人推荐的电影，留着有时间一起看；听说哪里开了一家风格不错的餐厅，想着哪天约朋友去尝尝，却总也没有合适的时间。

很多人自己的生活过得一团糟，还在网上教人做人。真正厉害的人都不爱教育别人，他们沉默地赢。不是只有赢才好，但赢能解释很多事情。

靠嘴上说我有多少能力，我能如何如何，那样是没用的。到头来只会被人嘲笑这么努力却如此笨拙。渺小很痛苦，但是仍然不能靠骗上位。社会只会在乎结果，量变引发质变，没有量的积累，总是打嘴炮，到头来损失的只是自己的信誉和信心。

最终能走向金字塔顶端的人，不是那些看起来文韬武略的人，而是那些往死里磕的偏执狂。别动不动指点江山，大人物只说细枝末节。

心有凌云壮志是好事，可你心在天上，这脚还得踩在地上吧。就算是爬山，你也得一步步地来，你想坐缆车一步登天，可你有票吗？

学校是亲妈，它保护你，教导你，告诉你你很棒，你是独一无二的；可社会是后妈，它打你一耳光不够，还要踩上一脚，指着鼻子告诉你，你在这里连渣滓都不如。

所以，亲妈说错了吗？亲妈说得没错，你很棒，可你得证明出来，你不能只写了一个“解”，点了个冒号，后面就留白了。

后妈说错了吗？后妈也没错，别人都撒腿跑到半山腰了，你却还在山底下孤芳自赏，那你也就只能是连渣滓都不如。

我们都是普通人，想要成功也只能从努力中得来。一个人能走多远，靠的是眼界，可一个人能站多高，靠的则是积累与沉淀。

千言万语，说出口的才是情话；千头万绪，写出来的才是诗篇；海阔天空，看在眼里的才是风景；五千一万，你赚进兜里的才是本事。

.. 你以为的差不多，很可能是差很多

你就毁在凡事只求差不多，一旦放下对生活的挣扎，未来将腾不出任何的水花。很多人不知道，“差不多”这三个字说出口，显得你有多不靠谱。

.. 01

我在一家理发店理发有六七年了，说实话，每次理发的体验并不是很好，但是这么多年我还是坚持下来了。

让人抓狂的原因是，我的理发师每次都能修剪将近两个小时，无论是大剪还是小修。剪到后来，真是如坐针毡。

有一次我对他说：“差不多就行了，反正不到一个月又要剪了。”

理发师说：“别着急啊，很快的。”

然后就自顾自地剪起来，剪完一看时间，还是他标配的时间。

有一段时间我实在受不了了，就换了几家理发店，但是都没有他剪得好。

我发现，看一个理发师剪得好不好，不是看刚剪完的发型好不好，因为刚剪完基本都差不多，重要的是十天或者二十天以后，差距就很明显了。

那些很快就剪完的，时间长了发型没了，头发长出来也参差不齐；而他剪完的，就算过了一个月，发型也基本没有变化，长出来的头发也非常有层次。

我当然又回到他家，再也没有换过。

以他的手艺，完全可以差不多就行，快速剪完，这样每天就能多剪几个人，钱挣得也多，但是他不愿意，正是这份对自己职业负责任的态度，让他的店铺即便是在小胡同里，客人也络绎不绝，而且基本都成了回头客。

纵观我们的人生，无论哪一个阶段，“差不多思维”都无处不在。

我曾经有位同事叫差不多先生。差不多先生是南方人，公司来了一位重要客户，也是南方人，毕竟沟通起来比较方便，公司就安排差不多先生负责接送和陪同。

当时处于夏季，时不时就下点儿小雨。经理提醒他，一定要时刻关注天气情况，做好准备。可是他觉得差不多就行了，下不下雨还不一定呢，一来二去，就给忙忘了。

谁料那天突降大雨，大家毫无防备，即使手忙脚乱地买了伞，还是淋湿了。湿的不只是衣服，还有心情。后来一连几天都是阴雨，客户嘴上没说什么，但回去以后，便把合同取消了，因为另一家公司的服务，远比我们周到得多。

没有提前查好天气，看上去不算什么大事，但是却反映了整个公司工作的严谨性和对于合作的重视程度。细节决定成败，这话不无道理。

客户被送走以后，那位同事便被辞退了，走的时候还一直在抱怨："多大个事儿啊，第一次遇见这么吹毛求疵的客户，简直就是有病。"

一个人做事态度变差往往是从"差不多思维"开始的，仔细揣摩差不多先生的心态，就会发现，他不是做不到，而是不在意。

他永远不会明白，一个追求精益求精的企业，永远不会允许“差不多思维”出现，因为那是一种无能，是应付和凑合，是态度不端正。

小时候，每逢期中或者期末考试，家长总要问：“这次考试考得怎么样？”

你眼神躲闪，心虚地说：“嗯，差不多吧。”

可是差不多是多少呢？他们并不知道，但是你知道，因为差不多实际上就是差了很多，你考砸了，于是不好意思了。

慢慢就养成了“差不多思维”，一个不留神这一生就差不多过完了。可是问题出在哪呢？是你不配拥有更好的人生吗？

其实不是的，差不多就是将就。因为害怕失败和伤害，就一味地选择妥协，问题的根源，出在你凡事只求差不多，却错过了无数次变好的机会。

成功只有一个理由，而失败却可以有一千种，也正是因为理由足够多，所以才永远不会获得成功。

如果小事但求差不多，等大事到来，“差不多思维”就成了惯性，它固定了你的想法，也限制了你追求更好的可能性，久而久之，你就变成了一个差不多的人，过着一个差不多就行了的人生。

差不多不是平凡，追求平凡没有什么不好，毕竟每个人的选择都不同。就怕你的差不多是你退而求其次的凑合，那就真的很可悲。

.. O2

差不多的人生，其实真的差很多，这是隐藏在多数人心里的思维陷阱。

你总是觉得差不多就好。微胖的体形，差不多；月薪五千，差不多；每天朝九晚五，差不多；二十四岁结婚，二十六岁生小孩，差不多。

你总是习惯给自己设限，从不做那些有难度的事，你觉得这样的日子也挺好。然而，等有一天，你突然发现身边的人越来越优秀，你再也追赶不上了。

结局其实早已注定：你只能变得平庸和低成就。

总会有那么一瞬间，你感觉人生格局已定，感觉这一辈子就是这样了。

你曾想成为首富，如今，你甚至付不起首付。每天困扰你的，都是生活琐碎的开支。你曾想做同学中最有前途的人，如今，你却被远远抛下，害怕任何一次聚会。

又或者是，你终于成了最不想成为的那种人：愤世嫉俗，放弃自我努力。你总是不忘意味深长地告诫职场新人："那么拼命干什么？差不多就行了。"

你曾经有梦，关于职业，关于财富，关于人生，如今，你深夜饮酒，听到的都是梦想破碎的声音，每天就是混日子。

到底什么样的状态，算是混日子？有一点可以肯定，如果总见到和自己差不多的人，就说明你在混日子。

我上一次听到这句话是在两年前。

那时，认识了多年的好友 Melody 刚刚辞去了一家小公司的副总职位，准备应聘行业内顶尖企业的初级职位，对，你没看错，是初级职位。周末还要学英语，准备报考研究生。

其实，Melody 在原公司的职位和薪水都很不错，不知道是脑袋里的哪一根神经搭错线了，居然辞职去应聘一个初级职位。

我问她是怎么想的。

她说："感觉自己的人生还可以再抢救一下。虽然我是公司的副总，但每天做着同样的工作，见到的都是和自己差不多的人。我不会被淘汰，很难再超越，也看不到更大的世界。如果再这样待下去，就是在混日子了。"

总是见到和自己差不多的人，就说明你在混日子，这大概是关于职场状态最生动的描述了。

你虽然优秀，但每天做着差不多的工作，看到的是和自己差不多的人。

你大学毕业，工作五年了，每月工资不到一万，偶尔请假，没有强烈的上进心，你并不羞愧，因为你发现周围的人都是这样活着。

你也曾试图要求参与项目，被分到最边缘化的一组，资金少得可怜不说，同组的人也都是一副心不在焉随便混混的样子，你一人独木难支，项目最终泡了汤，还被爱打小报告的同事参了一本，说你总是代替老板给大家分配任务。从此以后，你再也不敢提出请求。

又过了五年，你还是没有一技之长，下班后热衷于聚会，你发现不少同事也这样。

别人都觉得你的工作轻松又稳定，你也催眠自己有个混日子的地方也挺好。

但是这真的不是稳定，而是你的工作状态非常平庸，你没有特别的本事，也没有自觉成长的意识，随时可能被取代。这不是混日子，是什么？

我们辛辛苦苦去工作，要么是为了赚钱，要么是为了实现理想，如果什么都没得到，却在混日子，那不是太可惜了吗？

如果你总是看到比自己优秀的人，说明你正在走上坡路，需要继续加油；如果你总是看到和自己差不多的人，甚至总是看到不如自己的人，说明你正在混日子，需要改变。

.. O3

那么再看看，两年过去了，Melody 生活得如何？

两年里，她顺利考上了研究生，职位从初级职员升为中层经理，当然背后的艰辛真是不足为外人道也。

现在，坐在我对面的女孩儿瘦了，但是有精神头儿了，不像当副总的时候，总是一副病恹恹的样子。说起身边发生的趣事，也是两眼发光。

“怎么样？这两年累坏了吧，要我说，你就是自讨苦吃。”

“嗯，真是挺累的，但是被人需要的感觉真是太好了。我跟你说，现在我们老总开会必须带着我，不然他都不自信了。”

被需要着，被重视着，尽自己所能创造一些价值，可能比看十部韩剧、刷一天微博、买十个包包有更大的满足感。

人一生都在追求自由，也同时在追求认同感，那种感觉，不是营业员心不在焉地赞叹着“好漂亮”的时候，不是在同学聚会上别人感慨“你有这样的爸爸真好”的时候，而是在你能创造出一些什么东西的时候。

人只有通过创造，才能对抗生命的巨大的虚空，也才能到达金字塔的最顶层——自我实现。一个无法实现自我价值的人，拥有再多钱，拥有再多自由，他的人生也是有缺憾的。

毁掉一个人的，往往是那些隐形的绊脚石。插科打诨的闲散，

时间久了，会腐蚀你对事物原本的炙热渴望。推三阻四的拖延，次数多了，会造成别人对你的印象大打折扣。你以为微不足道的细节，最终成为不可挽回的悲剧情节。

有人把能在工作混日子当作最佳选择，整天无所事事，还能领一份薪水。他们不是不想改变，更多的是因为根本承受不起奋斗的辛苦。

那些说出“再努力也没用”“事情永远不会改变”这些气话的人，是不会被指正的，因为对别人没影响，你伤害的只是你自己。

那些混日子的人，迟早被日子混了。如果不能正视问题，从混日子的掩护下走出来，对自己下手狠一点，那么你永远不会有进步，人见人爱这事就永远和你无缘。

不是每份工作都恰好是你喜欢的，但工作可以让你保持战斗的状态。即使有一天湮没在人群中，也比任何时刻都更清楚，自己是谁，自己在干什么。

以一种能让自己从心底认同并且有点小骄傲的姿态忙碌着，那种充实感和油然而生的底气，是任何事情都无法比拟和替代的。那些混日子的人，永远也无法体会。

你相信自己会成为什么样的人，你就会成为什么样的人。

是继续混日子，还是重新寻找出路；是沉浸在失恋的痛苦里，还是勇敢活出漂亮的自己；是乖乖听从父母的安排，还是坚持做自己，去体验外面更大的世界？如果你踟蹰不前，自我绑架，不想浪费一丝一毫的力气，那么请接收所有来自命运的袭击。唯有去行动，才能给生活一个漂亮的回击。

这个世界正在加速抛弃混日子的人。你脱离了庸人的设定，生活必定充满诗情画意；你执着于追求理想，未来也必定会被机遇垂青。你的人生，真的还可以再抢救一把。

.. 你不能掌控生活，就会被生活操控

你不能掌控生活，就会被生活操控。真正的强者，是那些看透了生活的无奈与无聊之后，还能选择不敷衍、不妥协、不放纵的人。

.. 01

“世界上最遥远的距离不是天涯海角，而是我在你身边，你却在玩手机。”这大概是“手机控”们真实的写照，每当周末到来，你以为可以休息了，但是你常常发现，越是到周末，心里越是有事情，总觉得手机会响，总觉得可能马上又要有什么工作了。

朋友小品，是一家公司的投资经理，平时业务相当繁忙。有一次，我们出去吃饭，席间，她平均每三分钟就会看一下手机。

我以为她很忙，就说，如果有事可以先走。

她说："没什么，就是感觉手机在响，可能是心理作用。"

我知道她每天都压力山大，就让她把手机给我，这顿饭吃完之前不许看手机。她同意了。

结果，手机在我包里还不到五分钟，小品就有点儿着急了，问我手机响没响。我说没响，她还是不放心，如坐针毡，脑袋开始冒汗了，饭也吃得不香了。

我看她那样子，无奈地把手机还给她。

她一把夺过去，一看手机没有信息，才放下心来。

"真的那么忙吗，连休息日都这么紧张？"

她说每天至少接打几十个电话，微信回复到手软。可是没办法，必须要看手机，必须回复。精神紧张得要命，不知道什么时候就又要处理工作了，晚上睡不安稳，早上很早就醒了。

"这些电话和信息真的有必要吗？"

"有些是，有些只是日常聊天，都有必要吧。"

我对她说："你真的要停下来整理自己的生活和工作了，否则只能越来越焦虑。"

现在的社会节奏，每个人都或多或少产生这样的问题，休息的时候没办法真的放松。以为自己在休息，休息之后却依然疲惫，不知道是什么原因，总是觉得好像有事情放不下。

这使得我们每到周末就想远离手机，但是远离了手机，焦虑反而更加强烈，不得不反复拿起手机看看，是不是发生了什么事情又错过了。在这种矛盾中徘徊，无法自控，失去了原本的节奏和规律，苦恼不堪。

人的精力就像手机内存，有人少一点儿，内存32G，多一点儿的64G，最多256G就到头了。只要你愿意，每天都可以接收海量的信息，把你的内存塞得满满当当。

所以，哪些信息需要马上处理，哪些只能作为消遣，哪些是垃圾信息，你一定要搞清楚。否则你的生活就会长期处在忙乱的状态。

无论什么人，精力总有限，内存怎么用，决定了你的人生质量。

同事小金，一个资深手机依赖者。平时不管是在办公群还是生活群，都能看到他踊跃发言的身影。下了班回到家里，一定是窝在床上拿着手机，刷着各种 APP，直到撑不住才肯睡去。第二天，同样的程序再来一遍。

但这种放不下手机的生活，并没有让他事半功倍，反而因为睡眠不足，生物钟混乱，精神很差。有一次，竟然在开会时睡着了，经理很生气，后果很严重。他被扣了一个月工资，还被通报批评。

痛定思痛，小金给自己立下了规矩：晚上十点必须放下手机。一开始当然很难熬，实在无聊就通过看书或是锻炼消磨时光，到了十点半准时睡觉。

就这样，仅仅过了一个月，他便读完了五本书，而且锻炼也有了初步成效。

他说，自从放下手机后，生活重回正轨，自己也少了一分焦躁，心情平静更容易入睡，感觉自己的精神状态越来越好了。

小金总结道：放下手机，工作更专注，生活更从容。

你放不下的不是手机，而是对生活的掌控感；而放下了手机，也就重拾了生活的掌控感。

.. O2

我们都习惯了被生活推着走。早晨急匆匆去上班，一边坐地铁一边吃早饭；午餐在楼下买个便当；晚上加班到九点、十点，回去洗个澡，累得只想埋头就睡。难得有一个周末，也会睡掉一大半，再匆忙把这周的剧补上，然后准备下周一要交的报告。

这是你想要的生活吗？显然并不是。

与其说是你在生活，不如说是生活本身，在你的生命里，不留情面地走过。所以，你能做的就是通过一些小的改变，重新找回对生活的掌控，重新让自己感到：我才是生活的主人。这就是掌控感。

掌控感带给你安全感，每个人只有确认自己的存在，确认自己能够对身边的事物、周围的环境产生影响，确认自己的自主意识，才能确认自己的价值。

我存在，是因为我觉得，我有价值；我有价值，是因为我觉得，我能掌控自己的一切。

我能掌控自己的一切，靠什么体现？靠生活中每个重要的事件，每一个微小的瞬间，每个“我能够不管不顾时间”、去做一些“毫无实际意义”事情的时刻。只有在这样的时刻，才能体会到：是我在操控自己的生活，而不是生活在操控我。

一个人最大的幸福，其实是一种强有力地掌控着自己人生的感觉，即我能为我自己做主、可以选择自己的喜好、拒绝不喜欢的自由，这种幸福感，也叫有得选。

有这样一个故事。一个有钱人去海边度假遇见了一个当地的年轻人在钓鱼。看到年轻人一副悠闲自在，自得其乐的样子，有钱人觉得有必要给他上一课。

于是他非常诚恳地对年轻人说："小伙子，你这么年轻，怎么不去拼搏事业，却在这里钓鱼呢？你要有长远的计划，你可以先把钓到的鱼拿去集市上卖掉，然后去买更好的渔具；有了更好的渔具就可以钓到更多的鱼，卖更多的钱；等钱存多了，买只小船出海，钓到更多更大的鱼，卖更多的钱，然后可以买更大更好的船，到更远更深的海里钓更大更好的鱼，这样一直下去，就可以买更多的船，开一个捕鱼公司，雇很多人，到世界各地捕鱼、赚钱。公司越做越大，钱越挣越多。常年以往，等你到我这样的年纪，你一定会成为千万富翁！"

年轻人听完之后，问有钱人："变成千万富翁之后能干什么？"

有钱人回答："有了钱，你就可以享受生活了，没事到海边来钓钓鱼……"

如果从一开始你就明确自己真正需要的、看重的东西，那么也许就不必走那么远的路。这个东西可能就在眼前，但是你却被别的人或事牵着鼻子走，而且走出去很远才发现，之前为之努力的，并不是自己最需要的。

听到自己内心的声音，并且能做出自己选择的人，是少数，但是往往也因此，他们就拥有了完全不同的人生体验，不同的故事。

他们当然不是个个都像比尔·盖茨或者乔布斯那么牛，因为追随内心的声音就成为举世瞩目的人物，但是他们在匆匆而过的生活里，一样最大限度地创造了自己的辉煌。

“我很想去法国学烘焙，我相信自己有这种天赋，其实我现在的存款也够我去学习和生活了，可是我学完就三十几岁了。我害怕，我怕自己放弃了现在这个稳定的工作，回来又找不到合适的职位，万一我蛋糕卖得不好，那一切全完了。我真的不喜欢现在的生活，但是实在无法下定决心。”

一个朋友曾经向我诉说自己的苦恼。说真的，我无法帮助她选择。不同的内心，不同的时期，有不同的答案。但是我知道，有的人往往在这样的纠结里，度过一生。

我们每天都在面临很多选择。小到中午要点一个什么外卖，大到择校、择偶、选职业。每一种选择都会带来不同的后果，也会带来不同的收益。

普通人面临的选择不是“拯救地球还是回家吃饭”这种大事儿，而是回老家还是留在北上广，考公务员还是读研，选什么样的人当另一半……这些事情看起来无比琐碎，却又决定了一个人的命运。

世界上有很多条道路，没有哪一条是非走不可的，选择冒险还是选择稳定，都是了不起的事情。最重要的是这个选择一定要适合你，能让你快乐，能提升你的生活质量。

在做选择的时候，拥有什么比你想要什么更重要。

.. 03

每一个选择都是不容易的，但是最重要的是有得选。

妈妈朋友家的孩子跟我聊天，她还在上大学，就读的是家人强迫她选的一个冷门专业。爸妈说，她不需要操心工作的事，只要能拿到毕业证就好。

她的人生像是一场早已经被安排好的戏，只需要按部就班地抬抬胳膊动动腿，就能过完这一生。

我曾和一个朋友说起这个小姑娘的事，她说：“她根本就不知道自己有多幸运，像我这样没背景、没关系的人，要付出多少努力才能走到她现在的位置。每天辛苦实习，一分钱都没有，只为了积攒一点经验今后好求职，而她还有大把的时间可以享受大学生活。”

我没法判断她们谁过得更幸福一点、更幸运一点，从来都没有哪一种人生是不艰难的，这或许也是生活公平的一点。

你抱着三块钱一袋的薯片泪流满面时，她端着几千块一杯的红酒暗自饮泣；你被老板强制加班到深夜，站在街头无助地等出租车时，他在凌晨的办公室里刚刚看完一百封邮件；你四处奔波联系实习，脚底磨出大大的水泡、疼得掉泪，她瞪着空洞的眼睛望着一眼看到头的人生不知所措……

一个人为什么要努力？因为喜欢的东西都很贵，想去的地方都很远，想爱的人都超完美。但你想要的生活不在你的想象里，而在你当下的每一次选择里。

而 Cindy 就是有选择权的那一种人。

Cindy 是我在一次咖啡品鉴研讨会上认识的一个姐姐，有天晚上跟她聊天，说起十分感慨那些可以十几年如一日坚持早起的人。

Cindy 顺口说了一句 :“我常常在早上六点钟起床跑步，那个时候的微光，真的很美。”

我不敢相信 :“难道你每天早上都坚持吗？”

“是啊，”她说，“我从毕业之后，每天都坚持早起。”

我终于忍不住问 Cindy :“你活得这么拼，不累吗？”

“累，非常累，”她秒回我，“可是你呢？你活得不累吗？”

在职场夹缝中求生存，尴尬得不上不下，察言观色的那些人，不累吗？

背着沉重的房贷，小心翼翼计算着收入和支出一不小心就赤字的那些人，不累吗？

站在单调的流水线上，日复一日做着重复的工作，加班没有补助、周末没有双休的那些人，不累吗？

“人生哪有那么轻松，不过是用这一种辛苦来抵消那一种而已。我只是很庆幸，我可以选择自己的累和辛苦之后的结果。”她说。

这或许也是努力的一种意义，不仅仅是从九块九到十九块九，从阴冷潮湿的地下室到阳光明媚小公寓的过渡，而是可以选择自己喜欢的生活方式，选择自己喜欢的工作和环境，选择自己交往的圈子，也选择自己想要成为怎样的人。

像一块石头一样从山头上落下来，那叫惯性，而不是自由。而努力的意义，就是帮助你摆脱生活的种种惯性，无论它是来自家庭，来自社会，还是来自积习已久的不良习惯。努力赋予你挑选的权利，又在每一次选择和权衡之间，让你变成更优秀的人。

你不主动选择生活，便会被生活挑选；你不掌控自己的生活，就只能眼睁睁地被别人左右。

世界上只有一种赢，就是有能力选择自己的人生。

.. 不要满足于鹤立鸡群，而是要离开那群鸡

人生就是一个不断跟过去的自己挥手告别的过程。所谓成长，就是自我打脸。你要学会“拉黑”自己，才能超越自己。

.. 01

我家以前住的地方是一个非常普通的小区，连个物业都没有。说实话，邻居素质真的不是很好，乱扔垃圾不说，还经常丢东西。

后来父母攒钱买了一套商品房，小区各种设施齐全，住着非常舒心。

不要满足于鹤立鸡群，而是要离开那群鸡。

如果你不认同身边人的行为方式，或者不喜欢目前的环境。你要做的并不是去改变别人，而是通过努力提升自己的 level，创造更

多选择权。

选择离开那个你既无法适应也无法改变的环境，给自己打造一个更好的环境，而不是在一个根本无法改变的环境里苦苦挣扎，抱怨连篇。

努力是一种向上的生活姿态，人生匆匆数十载，你是愿意要要要，还是忍忍忍？

够努力的人都是那些舍不得放弃自己的人，这些人无论遇到怎样艰难困苦的状况都可以触底反弹，绝地反击，在人生中成功逆袭。

我有两个朋友，都是那种易招渣男的体质。她们都曾因为失恋悲痛欲绝，怀疑人生，但最后她们却走向了完全不同的结局。

一个彻底委顿，爆肥二十斤，荒废事业，疏远朋友，自我封闭，再也不相信男人和爱情；另一个闹够了、哭哑了，决定痛定思痛重头来过，寄情于事业和健身，成了人人羡慕、貌美多金的职场精英。

同样是受情伤，为什么有的人变成女神经，有的人变成女神？就是因为面对挫折与痛苦时的选择不一样，有的人沉溺其中随波逐流，有的人像凤凰涅槃一样，获得新生。

要知道，放弃自己真的很容易，下坡路从来不费半点力气。谁不想每天喝酒、吃垃圾食品，做一个不用工作、不负责任，整天放飞自我的宝宝?

看过一个故事：一个年轻人，二十三岁大学毕业，工作到三十岁，依然贫穷，到三十五岁，还是穷得叮当响，于是他跑去问大师。

大师看了他一眼说："你家境贫寒。"

年轻人一听，咦，真准，于是掏出五十块钱："那您说说，我三十岁之前怎么样？"

"穷。"

"那四十岁呢？"

"对不起，还是穷。"

"那四十五岁呢？"年轻人掏出最后的五十块钱。

"不再贫穷。"

"原来我是大器晚成啊！"年轻人高兴道。

大师摇头说："不是，因为你习惯贫穷，所以就感觉不到贫穷！"

习惯不是最好的仆人，便是最坏的主人。很多习惯都是坏主人，它让你忘了反省，忘了思考，忘了改变。如果不及时把自己的坏习惯“拉黑”，那你最后也只能习惯灰头土脸。

堕落这条路真的太轻松、太容易，稍不留神就会滑下去，一直滑到无法挽回的人生低谷。

相反，在最难的时候把自己的抱怨及时“拉黑”，不给自己找理由博同情，放弃那些毫无意义的自怜情绪才能让未来的自己感激现在的自己。

“拉黑”自己是一件眼前很痛苦的事，但是“不拉黑”是一件将来更加痛苦的事。

把自己的懦弱无知、傲慢无礼、懒惰愚蠢通通拉黑。一点点学习、进步，一点点超越过去的自己。这个过程也许是漫长的，能做到这些真的太难，需要超乎常人的意志力。但往往只有这种人，才是人群中最耀眼的存在，才是人人羡慕的人生赢家。

从怀疑自己到，到肯定自己，再怀疑自己，周而复始，这是大多数人的成长之路，它不是肉眼可见的直线增长，而是一种不知不觉地螺旋上升。

.. O2

偶尔闲来无聊，翻到一本高中的作文本，随便读了几篇，忍不住笑出声："这么矫情的文字居然是我写的！"

不知道你有没有这种的经历？看自己以前写的东西，感觉不是用手写的，而是用脚写的；以前喜欢的偶像，现在打死也不想承认；上学的时候偷偷看过的言情小说，现在觉得假的要命。

可是，那确实就是曾经真实的自己。

也许所谓成长，就是一个不断自我啪啪打脸的过程；所谓人生，就是一个被反复打脸，还乐此不疲的循环。

很多人觉得"往事不堪回首，回首特别丢人"，但是一个人成熟的过程，本来就是一个不断推翻自己以前的认知，然后重建三观的过程。

有的人喜欢八卦身边的人或者某些当红明星以前说的话，然后说："你看，他以前这样说，现在却这样做，真是啪啪打脸。"

大部分人都是这样，经不起扒皮，经不起时光倒流的反复推敲。

我们说过的自相矛盾的话从不比谁少，因为我们现在认知和几年前的比肯定是不一样的。

很多时候，人的进步本身就是自我否定的过程。没有这个否定再重建过程的人，注定没有成长。

成长就是当你回过头去看以前的自己，发现以前的自己就是一个小傻瓜的过程。

以前说一定不会做的事儿，后来做得乐此不疲；以前特别讨厌的人，后来觉得好像也挺招人喜欢。最典型的可能是一些已经为人父母的朋友，以前说着如果我当妈了一定怎样怎样，后来才发现根本做不到。

小时候总说：长大一定要当画家，结果碌碌无为地做了自己不喜欢的工作；长大一定要赚大钱给父母买房子，结果现在可能还时不时需要父母接济。

长大了说：快点长大快点毕业吧，讨厌死现在的自己了。后来发现上学是一生中最幸福的时光，怎么都回不去，根本不想长大；真心比什么都重要，什么都不在乎只要你对我好。后来发现还是钱比较靠谱，根本做不到什么都不在乎。

曾经无比坚信的事情，后来发现那种笃定可能源于无知；曾经特别不理解的事情，现在觉得理所当然；曾经觉得毫无疑问的事情，现在觉得也未必了。

曾经以为世界非黑即白，爱憎分明，雷厉风行；后来发现大部分的世界是混沌不清的，很多事情并无对错之分，有利益，有感情，有各种各样的因素掺杂其中。

后来明白了，凡事无绝对。明白了把话说绝，把事做死，把人定义，是最傻的事情。然后逐渐释然，释然那种自我怀疑和自我否定的感觉。

比如，你并不是变成了自己曾经讨厌的那种人，而是曾经的认知让你误会了某些人；比如，并不是不能保持初心就是坏事，可能当初的那份心并不客观。

如果你也经常不断自我打脸。不要害怕，那是好事。因为那说明你在成长，你在进步，在不断修正那个不完美的自己。

.. O3

如果人生是一场比赛，重要的并不是为了打败别人，而是为了成全自己。

“比”只是为了“好”，但真正的“好”，和别人的关系并不大。最好的参照物不是别人，而是自己。

近来我在减肥，开始时，总艳羡别人的A4腰和马甲线，可望而不可即的痛苦时时刺着心，唯一的安慰只有体重秤上一天天往下的数字。可当我坚持一个月后，却惊喜地发现变化在悄悄发生。

最能激励人心的，是比昨天瘦一点、好一点的自己。聪明人只和从前的自己做纵向对比，而不与身边的甲乙丙丁做横向攀比。

很多人会说：我也知道要改变，也知道要努力变好，问题是哪有那么多人生赢家？不是投胎小能手，出身一般、资质平庸、运势一般，外貌是那种丢在晚高峰的十字路口，分分钟就被淹没在人潮里的普通人，到底应该怎么变好？

其实很简单，把目标定小一点，具体一点。不要把努力和一个伟大而又漫长的结果挂钩，这样你的努力就很容易实现。

例如，今天看了十页书，明天看十五页；今天跑了二十分钟，明天坚持半个小时；今天背了十个单词，明天争取二十个。

不把安全感交给星座、水逆或别人怎么说，而是存款上的数字、健康标准的身材、三年以上职场成长目标。

大多数的我们都不是白富美，天生腰细腿长，不是出门自带主角光环的明星，更不是华尔街上的高管、总裁。有钱有颜的她们尚且拼劲十足，也许终其一生都很普通的我们怎能懈怠？

生活并不是励志剧，每个人经历悲欢离合，最终都能实现梦想；生活也不是成功学，大家经历起承转合，然后走向大团圆。

生活只要还在继续，就没有所谓的大团圆，它既没有让公主做一生美梦，也没有成全所有的灰姑娘，它只是一个无形的推手，推着每个人一步一步往前走，一点一点享受这个往前走的过程。

当你的安全感和成就感全靠自己的双手，从无到有，一点点实现了自己想要的一切，就再也不会害怕失去什么，因为你随时有能力再赢回来。

努力变好并不是一个遥不可及的宏远目标，而是被拆分成可行性极强的小目标。在每一件具体的事情上进步一点点，日积月累，你的整个人生就会有巨大的飞跃。

最容易让自己有成就感的方法就是，当你觉得自己一无是处时，不妨在每晚入睡之前稍稍审视一下，今天的自己是否跟昨天有所不同，与去年今日的你相比，是不是有了进步。如果有，说明你是一个有上进心、有目标、有方法的人。

时过境迁，再回过头看上个月的自己，上半年的自己，甚至是三年前的自己。你一定会有脱胎换骨的感觉，也一定会感谢那个一路拼、从未放弃的自己。

不必妄自评定自己是否失败，只要今天比昨天好，你就已经做到了最好的自己。

.. 做喜欢的事，让喜欢的事有价值

世界万事万物，都有自己的美感，只要拥有足够的判断力，自己快活，则天下快活。你要经常脱轨，才不会出轨。

.. 01

“如果我是她该多好啊。”

每次和唐唐闲聊，她肯定要提起自己的闺密，言语里尽显羡慕嫉妒恨。

“她上学的时候就比我优秀。别人眼里，她是人生赢家，而我是无用的 loser。”

憋屈如唐唐，多年来，一直生活在闺密的“阴影”下。为了赶上闺密的步速，她不停地追追追，做自己不感兴趣的事情，去不向往的地方，谈不咸不淡的恋爱，赔上了太多焦虑和闷闷不乐的时光。

明明已经很漂亮了，却还是忍不住微调了自己的脸。本以为变美之后，能在颜值上扳回一局。谁知道，闺密完全像是开了挂一样，各个方面无限碾压她。

“生活对我那么苛刻，对她却那么仁慈！如果拼尽全力还是不如她，那我还努力干吗？”感觉下一秒唐唐会嫉妒到满地打滚儿。

人生赢家这个词真毒。本来我挺想问唐唐，如此攀比，是自己渴望的，还是环境或身边人强加的？

但我没资格问。某种程度上，以前的我也是这样的，应该说很多人都是这样。

出身、家境、学历、婚姻、财富……当每一个鲜活的个体，被切割成具象的指标，谈恋爱、找工作、交朋友，便成了强者的一场博弈。

所以时不时就会听到这类句子：“你连那种人都不如，还能有什么出息？”“三十岁不谈恋爱，活该孤独终老！”

于是，很多人怕了、乱了、烦了。开始忙着出名趁早，忙着赶场相亲，忙着复制高大上的人生标签，却不幸偏离了自己的航道。

然而就像唐唐问的，我都那么努力了，为什么一点都不快乐？其实答案很简单。你所谓的“努力”不是为了上进，而是为了较劲。

每个人都生活在自己打造的监狱里，这个监狱的围墙就是你视野的尽头。当你的着眼点，落在自己痛、弱、苦等缺陷的一面，当你的价值感，赌气般押在和别人的攀比中，这注定是一场诱人却必输的败局。

.. O2

幸亏我的闺密桃桃没毒，不然我可能也要打滚儿。

她是那种对穿衣打扮、护肤保养完全不在意的人，可以大半夜一边吃着油炸薯片，一边追剧。身边的朋友总是好心劝她，平时多“修边幅”，工作那么好，又不缺钱，总这么大大咧咧的，让客户看见了多失望。

她毫不在乎，有次要去见客户，她头天晚上硬是一夜没睡，看完一季美剧。第二天一大早起来也不化妆，顶着一双黑眼圈和额头上冒出的两颗痘痘出门，就这么签了合同。

在她眼中，她所做的一切都是为了买更多好吃的和追到更好看的剧。为此她专程飞到外国待了小半年，去搜罗当地的美食，住在朋友家里追新剧。

桃桃说：“我也羡慕那些自律的人，羡慕她们作息规律，饮食科学，更羡慕那些前凸后翘，还有马甲线加持的好身材。但如果要让我选，我还是选美食和美剧，没办法，这才是我。”

确实如此，我们都羡慕那些长得漂亮的人，羡慕她们滔滔不绝的口才，羡慕她们有一个温柔体贴的老公，羡慕她们天生有个温暖和睦的家庭。

曾以为别人的生活里，就没有一地鸡毛；曾以为别人的世界里，只有诗和远方；曾以为别人的人生就是完美无瑕的。可是撕开生活的面具，才发现，每个人的生活都是千疮百孔的。

所以到最后，我们还是选择做自己。哪怕这样的自己，有点消极散漫，有点懒惰颓废，没有什么远大志向，没有什么才华，但没关系啊，并非一切美丽和美好都要在自己身上对号入座。

想起前几天晚上，美玉姐姐发了一条朋友圈，是她和姐夫在某酒店房间的照片，别想歪了，就是两个人对坐喝红酒的照片。

那一天，是他们二十周年结婚纪念日，临时起意，放下正在上高中的孩子，放下手头的工作，在豪华海景房里浪漫了一次。

春宵一刻果然值千金，那一晚，花了两个人一个月的工资。对于一个普通家庭来说，简直是疯了，所以评论里有人说他们脑子有坑。

但是，只有他们自己知道，这一晚之后，面对之后几十年的婚姻生活，他们充满信心。

两人坚持认为此钱花得无比值得。是刀刃上的开销，是给疲态的中年一次及时的保养，是老房子的重新改造，也是人生油箱的一次重新加满。

仔细看了美玉姐姐发来的照片，那种妩媚，是她从来就没有散发过的。一生中有这样一晚，千金又如何。

这个世界如此庞大冗杂，不是所有人都非有美酒要喝，宝马要开，高官要做。

做一个普通人就没资格享受生活吗？只要你不是两手一摊不作

为，得过且过混吃喝，谁又有资格去苛责、去评价？

于美玉姐姐和姐夫而言，所谓的人生赢家，不过是尽力做一个忠于自我的人。她按照内心真实的想法过日子，又有什么关系？

同动辄辞职去旅行，离婚去追逐爱情，落发的修行，这些与现有生活彻底的了断相比，我更欣赏像美玉姐姐这般微出轨的生活。

在认识生活的真相与边界之后，各种小范围内的小打小闹，是通往有趣人生的一条便捷小道。

.. O3

无论二十岁、三十岁、四十岁，每个人都在觅求刺激和仪式感，都拥有疲惫生活的英雄梦想。偶尔浮躁、焦灼和虚荣，都挺正常。

可有没有想过，每天焦头烂额，有多少事情是你真正想要、喜欢或者应该做的？你对自己嫌这嫌那，有多少真有必要改变和提升，有多少仅仅因为别人比你更好？

更多时候，你的症结压根不在嫉妒、攀比和贪婪，而在于虚伪——既不承认自身的局限，也不忠于真实的本我。

很多人根本就找不到自己喜欢的东西，也没有胆量追求理想，把懦弱和拜金归为所谓的现实因素，其实都是在给自己找借口。

你可以混圈子、搞创业、玩融资，二十出头嫁入豪门，少女感爆棚宛如公主；也可以挣不多不少的工资，拥有一个不坏不好、烦恼和温情一样多的家。

但别忘了，假设有一个游戏，无论怎么玩都赢不了。这时，也许该停下来，观察这个游戏，检视它的规则，而不是盲目地继续。

毕竟路径那么多，活出样本的不落俗套才有意思。

春天的时候，和好友来了一次说走就走的旅行。

前一夜起意，第二日背起包就出发了。去了几个不知名的小地方，经历了手机没信号找不到人的恐惧，登山扭了脚的痛苦，也有玩漂流不小心翻船了撞破脑袋的小意外……

听着有点惨兮兮，却也惊心动魄，到现在我也念念不忘，感觉很久没这么畅快地玩了。

人生这件事，哪有那么多攻略可查，所谓计划有时也是束缚、局限和执念。在可承受范围内冒险，在不脱轨的前提下微微出轨，

是强健心肌、艳遇惊喜的好机会。破一次例，老天自有另外一番安排。

如何有趣地度过这一生？不是一定要炒老板鱿鱼，不是必须“世界那么大，我想去看看”，也不是先赚他一个亿，再慢慢挥霍。

而是在一本正经、一成不变、一望无际的日子里，制造点小意外，培养点小爱好，保有点小天真，没事和生活撒撒娇，多简单啊！你生动了，你的世界也就有趣了。

.. 当你选择一条难走的路，记得多准备点盘缠

追梦是要背包的，不带干粮就上路容易饿死在路上。你以为有梦想很了不起吗？才不是，真正了不起的，是你最终实现这个梦想。

.. 01

昨天，领导亲自招聘的年轻同事交了辞职信。

小李，男生，二十三岁，相貌堂堂，名校毕业，专业对口，去年面试的时候，大家很满意。领导私下里觉得，以他在单位里的学历优势，前途一片光明。

当时面试的时候，我也在场，面试后，领导和他闲聊了几句。问他为什么选择来我们单位。

他挠了挠头，有点儿不好意思地说，因为女朋友要来读研，他

先过来找工作，打个前哨。

又问起他今后的打算。他明显对这个问题没准备，愣了一下，下意识地说："先好好工作，边走边看吧。"

我在旁边听着，心里不免咯噔一下，感觉他可能还没做好工作准备，但我想着职业精神是可以慢慢培养的。事实证明，我错了。除了自己开悟，其他人的提醒和所谓环境的潜移默化，往往都是徒劳的。

这不，从他入职到离职，还没到一年呢。他是裸辞，离职原因是不喜欢现有工作，觉得继续干下去会损耗自己的竞争力，他准备回老家复习一年，考复旦的研究生。

裸辞？回老家？工作、女朋友，全都不要了？毕业那年，没认真考虑过未来，随便找个工作，然后放纵狂欢。工作后，发现这不是自己想要的，得过且过近一年。最终决定裸辞，声称追逐梦想，回家复习考研，备考又要一年，考不考得中还尚未可知。

虽然未来的不可知，是我们前进的原动力，我也不反对任何人追逐梦想，由衷希望所有人都能追梦成功。只是越长大，我就越懂得梦想与幻想之间的区别。

梦想，就是每天努力一点点，哪怕暂时不成功，但是坚持一段时间，总会有收获；幻想，就是每天什么也不做，躺在床上睡大觉，想象自己早晚有一天会飞黄腾达。

区分梦想和幻想的最有效途径就是，真的做了吗？光说不练假把式，夸夸其谈要流氓。遗憾的是，我并没有从他身上看到努力的印记。

职场上风言风语、小道消息传得很快。它们有的增添了夸张色彩，变成传奇，有的加上些恶意变成诽谤，但把这些小道消息抽丝剥茧，剩下的东西也能反映出一点事实。

听说他自觉怀才不遇，对周围同事爱搭不理；听说他上班时间不用公司电脑，一直拿着自己的笔记本电脑不知道做些什么；听说部门的领导同事都对他的工作态度和能力颇有微词；听说他游戏账号里充值了几千块，日日苦战，排名很靠前。

算了，别听说了，反正人都决定走了。

世上并没有什么怀才不遇。怀才不遇，大多是自己造成的。要么是自己怀的才不够，要么是自己没给才气露脸的机会。

选择无所谓对错，每个人都有权选择自己的生活。只是一个具有职业精神的人，一个成熟的人，不会走得两手空空。毕竟，生活不只有选择，还要为选择负责。

.. 02

之前有一个朋友的弟弟问我：辞了职，现在后悔了，又回不去了，该怎么办？他说，当时把辞职后的生活想得太美好，出来之后才知道，一切要从头开始，而寻找这个开始的感觉，真的不知如何是好。

我问他："你会干什么？大学学什么专业？"

他说："大学的知识早就忘记了，毕业也迷迷糊糊的，随便找了一份工作，不太适应，觉得太无聊了，就出来了。现在呢？好像也找不到什么好工作。"

"你有什么样的能力，才有可能匹配什么样的工作。你当初能找到那份工作，说明你在某些方面还是有优势的。但你盲目出来，就是你自己的问题了。"

几乎每天都能在网上看到关于辞职的各种现象：我不喜欢现在的工作，想辞职，我该怎样过上想过的日子？我不知道做什么，就是不喜欢现在的工作。我不知道该怎样努力，但我又不喜欢当下……

大多数人都有一个错误的概念，就是辞职了，就有可能过上自己喜欢的生活；不辞职，可能永远也过不上自己喜欢的生活。

我从来不赞同冲动型辞职，现在很多人辞职，就是因为情绪不对，所以带着情绪，轻易放弃一份工作。

“我在这里工作不开心，我辞职。”

“我在这里感觉郁闷，我辞职。”

“我被上级批评，被同事排挤，我辞职。”

比辞职更重要的是：你为什么工作不开心？为什么郁闷？为什么会被上级批评，同事排挤？

说到底，为什么这个人是你，不是别人？

你没有分析出原因就辞职，在进入下一份工作之后，百分之九十可能进入同样的死局。因为，在问题没有解决之前，你选择了逃避，而不是先找到答案。

你要知道，取决你过上自己想要生活的，不是你的职业，而是你的能力。

虽然辞职的念头人人都有，但是区别就在于，有的人会在放声痛哭后，擦干泪水，继续前行，成就优秀和成功，而很多冲动辞职的人却在一次次放弃和退缩中，终归失败和落寞。

这样的人总是感慨：自己岁数不小了，为什么还没成熟起来？其实，他们早就成熟起来了，他们成熟起来就这样。

不要把辞职当儿戏。你不知道做什么，也不知道如何做的时候，你想让这个社会如何接纳你呢？

至少要学一项技能，越精通越好，并且有能力超过你当下的工作，再来思考辞职这件事。

.. 03

我记得有一段时间，很流行辞职后浪迹天涯，看世界。于是，很多年轻人都开始做梦。辞职去旅行，然后写游记、成名、发大财，贴上“自由自在”的标签。

我身边的一个朋友。她当时太羡慕这样的生活了，辞了职去旅行，幻想着有朝一日“能朝九晚五，也能浪迹天涯”。确实，有一段时间，她生活得特别开心。

然而，渐渐地入不敷出了，积蓄在减少，并不能支付开销，甚至不敢问家里要钱。

一旦生存成为问题，或者说长期没有收入的时候，很多人是会产生自我怀疑的。她给我打电话的时候，我就说了一句话，还是回来吧。

辞职去旅行，其实是想辞职获得更好的生存。但你有没有想过，你是否真的合适。因为你的核心竞争力并不在那里，你却一意孤行，全凭运气做事，这样往往显得很被动。

我能理解小李的苦闷，他所在的部门，同事学历普遍不高，日常话题除了工作外，便是家长里短、小道消息，大家没有共同话题。名校毕业的学生，特别渴望快速成功。

刚毕业的时候，我也是这么想的。以前我总觉自己怀才不遇，手头的工作繁杂琐碎，看不到价值，和同事只能谈工作，闲聊基本不会超过聊天气的范畴。

当时真觉得是公司有问题，领导有问题。也曾有过无数次辞职的念头，想去有生命力的公司，想要周围都是年轻人，大家三观契合、无话不谈、能一起追求梦想。

然而，现实残酷，在网上看了一大圈名企的招聘启事后，我沉痛地发现，现在的自己并没什么拿得出手的东西，真的只值五毛钱。

冷静下来后，我开始思考，也许真正有问题的是自己。为什么不尝试改变自己过去的思维模式，去适应公司的环境呢？为什么我不能坚持一下，再给自己一次机会呢？

我开始学习观察公司中其他的同事，原来他们有那么多值得学习的地方，有的同事很会展示自己，有的同事职场沟通能力很强，有的同事工作效率特别高，这些我以前都没有发现。

我仿佛找到了开启通往职场上升通道的钥匙，这把钥匙帮助我不断打开一扇又一扇成功之门。

我告诉自己："起点就是这样，不管怀揣着怎样的想法，不如学会成长，努力让自己增值后再谈其他。"

所谓成熟，所谓职业精神，就是拎得清、受得住。就是在没选择的时候，能扛得住痛苦中的成长，在不喜欢手上事的时候，能咬牙把它做到八十分，再烂的工作都有它的价值。

时间管理、项目管理、组织能力、表达这些通识能力，都是能够在职场上修炼的。再不济，总也能锻炼一下自己的抗压能力和情绪管理能力吧?

我不赞同随便辞职，但我赞同有清晰目标的辞职。辞职不是一概而论的事，你要有穿越山川湖海的本事，才能跳出原来的江湖来闯。

世界那么大，我们是该去看看，但首先是活下来，其次是去看看。

你当然可以辞职，可以选择远方，但在走之前，不妨咬着牙忍耐一下，让自己增值后再走。要追逐梦想，不要落荒而逃。

生活从不会因为你怀有向往就对你青睐有加，它只会将你反复锤炼、百般折磨，来确认你怀有的是真正的追求，而不是不切实际的妄想。

总以为是梦想在激励着生活，但其实只有丰富的生活本身才能够支撑住摇摇晃晃的梦想。

你终将走向灿烂星途，但前提是，你得先跨过脚下的一地鸡毛，你总得有力气和智慧翻过眼前的这座大山，才能看到诗与远方。

别那么着急着谈梦想。多赚点钱，不辜负每一天，尽力去活得丰富且迷人，这才是实现梦想的最佳途径。

.. 极度追求坚强的人，也是最不堪一击的人

强迫自己坚强，也是一种脆弱。世上并没有永远坚强快乐的人，只有习惯以坚强快乐示人的人。人的一生有两个重要能力需要学习，一个是坚强独立的能力，一个是接纳自己脆弱的能力。

.. 01

昨晚睡得迷迷糊糊，突然接到了茶茶的电话。电话里的哭声太惨了，一下子就把我给吓醒了。和茶茶认识了十多年，见过她流血的次数比流泪的多，更是很少听见她哭得如此凄凄惨惨戚戚。

我赶紧问她发生什么事了，几分钟的沉默过后，她小声说："其实也没什么，就是突然有点难过，特别想要脆弱一下。"

从小，茶茶就是一个特别"坚强"的姑娘，打针不哭，摔跤了

也不闹。吃饭的时候总是最乖的那一个，受到再大的委屈也总是把眼泪忍下去。

她一直是那个大人们口中“别人家的孩子”，却也一直做着最不被宠爱的那个孩子。

遇到需要退让的事情，大人们就会说：“你那么坚强，让让他。”遇到需要争取的东西，大人们就会说：“你那么懂事，这次算了吧。”

她小心翼翼做着最乖的孩子，默默看着其他孩子有了委屈就大哭大闹，用撒泼打滚儿得到了更多的关注。

坚强这件事情，会上瘾，更是会融入你的骨血，成为一种卑微的习惯，慢慢地，也就彻底失去了任性的权利。

到了十七八岁，她想过要改变这种现状，但是很可惜，每当她拔光了所有的刺想要柔软下来的时候，就有人拿起刀，肆无忌惮地朝她捅来，夺走她最重要的东西。

这大概就是许多女生为什么不敢脆弱的原因吧，卸下盔甲去全心投入的那一刻，却遭遇了毁灭性的打击，于是，只能继续坚强，活成了女汉子的模样。

单位饮水机没水时，扛起水桶就换上，从不会撒个娇央求男同事帮忙；生病了，不管有多难受都自己收拾好东西打车去医院，不麻烦任何人；逛街下雨了，要么就是找个地方等雨停，实在不行就冒着雨跑回家，从没想过打电话让男友来接。

就这样，强迫自己习惯一个人做所有的事情，也让身边的人都习惯了自己什么都能行。

茶茶用这样的坚强掩盖内心的自卑和没有安全感，小心翼翼守护着自己所拥有的，其实，偶尔也会觉得悲凉，为什么同样是女人，自己要活得这么累？

尤其是在自己生病了，男朋友却去聚会不接电话的时候；在一个人忙到公司大门都锁了，求助无门的时候；在所有人都说“茶茶很厉害的，没关系，她不需要别人帮”的时候。他们只记得她的坚强，却忘了她只是一个姑娘。

一个人选择坚强只是希望可以得到别人更多的爱，但可悲的是，越是坚强就越没人疼，越没人疼，就只能变得越坚强。

这好像成了一个死循环，让茶茶的生活，充满了绝望。而这些情绪的累积，也成为压垮她坚强的最后一根稻草，让她彻底崩溃。

最后，她在电话里说：“谁天生喜欢坚强，谁不希望被抱抱！”

是啊，谁天生愿意坚强。谁不想从小被人宠，长大被人爱，每天什么都不用想就衣食无忧，遇到了天大的困难都有人帮忙解决。

可是，真的不是每个女孩都有柔弱的资本，因为柔弱比坚强更难，柔弱需要环境，而坚强，只需要自己。

.. 02

一味想成为公主，等待救赎是不健康的；一味想成为女战士，毫无救赎，也不健康。

心如比我上次见她的时候又瘦了一圈儿，带着浓重的黑眼圈儿缩在沙发的一角，两眼一刻也没离开过手机，直到窗外下起雨，她才一个鲤鱼打挺似的站起来，有点不好意思地说自己要先走。

“好不容易出来一次，连蛋糕还没切就要走，你真不够意思。”说这话的姑娘是这场生日会的主人，也是心如最好的朋友。

心如不好意思地赔着笑：“这不是下雨了吗，我怕我男朋友没带伞，想去地铁站接他。”

“他这么大的人，是没钱还是没脑子，就不会买把伞或者打车回家吗？我不管，你今天要是走，咱们就没朋友做了。”

眼看好朋友生气了，心如不敢再坚持，如坐针毡似的等到散场，匆匆告辞，恨不得插上翅膀飞回去。

我和她同路，就一起打车，看着她一脸的火急火燎，我安慰她：“他现在肯定已经到家了，况且雨也不大，你不用着急。”

她说：“那他肯定也还没吃饭呢，我赶快回去，还来得及做顿简餐。”

我看着她焦急的样子，愣是将那句“他不会自己做吗？”咽下去了。

心如的手机响了，她用我从未听过的温柔声调跟对方讲话，电话那头传来的却是连声的指责：“我手机都要让你打没电了。我今天约了朋友吃饭，没什么事，你不要再给我打电话了。”

我坐在她身边，努力地目不斜视假装什么都没听到，却是她先开口，苦笑一声打破尴尬，说：“早知道就不急着走了，这么久不见，连跟你们聊聊天的时间都没有。”

你认识喜欢一个人几年不变的女生吗？心如就是。

她现在的男朋友是她大学的同班同学，长得帅，个子高，是学校的体育健将，交往的女朋友都是校花级别的，最后却让相貌平平的心如倒追入手。

原因就在于心如可以为了他上刀山，下油锅，他最后就是被这份痴情打动了。

他是她所有的热情与虔诚之所在，可他回报她的，却只有倦怠和勉强。

他并不是没提过分手，每一次都被她的眼泪打败，相处五年，她付出多少他心知肚明，虽不够爱，却也没有渣到要反目伤害的地步，于是只不温不火地拖着。

“听过那句话吗？”心如对我说，“你我之间已无缘分，全靠我死撑。要是有天我也撑不下去，我们恐怕就要分手了。”

背负很难，而舍弃更甚，人会本能地过分看重那些自己为之付出的东西，将一点点的甜攥在手心，满心以为可以单枪匹马抵抗生活所有的苦。其实，原本不必这样做。

我以前总以为，成长就是把越来越多的东西扛起来放在肩上，但其实并不是。它更像是一个学会放下的过程，学会识别那些裹着糖衣，却在消耗着我们心力体力的黑洞，然后咬紧牙关舍弃。

要靠容忍死撑的友谊，要靠付出维系的爱情，要靠意志力才能啃完的枯燥名著，莫不如是。当断就断，何必死撑，毕竟你又不是属帐篷的。

.. O3

如果你一直假装成刀枪不入，就要做好万箭穿心的准备。坚强是对的，但是逞强，就真的没有必要。

总有一些姑娘，明明行李重得要死，却总是说着没关系，我可以自己拎；明明加班累到吐血，却总是笑着说喜欢努力的自己，靠自己最舒服；明明分手心如刀绞，却总是面不改色说着我早放下了，告别错的才能和对的相逢。

你这么爱逞强，活该没人懂。

人都是有习惯性思维的，你给的嬉笑太盛，才没人欣赏你的认真；你太过独立，才没人觉得你也需要保护和安慰。

因为怕失去，所以拒绝接受。可是当英雄是一件很辛苦的事，别人会觉得，你太坚强了，不需要我安慰；你太懂事了，不需要我保护；你什么都不缺，不需要我送你什么礼物。

可是你需要啊，你需要过马路的时候有人牵你的手，需要生病的时候有人日夜守在你身边照顾你，需要有人撑伞送你回家，需要有人记得你的喜好，需要一个人一脸认真地告诉你，你的下半生由我来守护。

痛了就喊出来，才是真正的强大。拥有强大的内心很重要，但拥有能够柔弱下来的性格也同样重要，这听起来很难，但其实并不冲突。

你可以昂首挺胸走出女王的模样，但也可以让那个人在过马路时始终在右边护着你；你可以自己赚钱买花戴，但也可以让那个人对你说出“我养你”的情话。

你可以在面对别人的伤害时咬紧牙关不让眼泪流下，但也可以在难过的时候靠在那个人肩上听他说“有我在”；你可以在一个人的时候照顾好自己，但也可以期待在生病的时候有个人日夜照顾。

你可以不去想着依靠任何人，但也可以在下雨的时候安心等待那个人接自己回家；你可以在外人面前杀伐决断、无坚不摧，但也可以在一个人身旁安心睡去。

只有足够强大的人才会勇于脆弱。真的，别再说我就是喜欢坚强了，这样的你一点都不强大。

真正强大的人，敢于承认自己的脆弱，更懂得以柔克刚。学会独立坚强，但不要逞强，这是每个人都要用一生来学习的课题。因为没有人天生爱坚强，你也一样。

承认自己脆弱的那一刻，你会发现自己终于开始成长了。

.. 生活不能被安排，又何必按常理出牌

浪漫的，狗血的，都是生活。如果真的有性价比最高的活法，那它的名字叫“我乐意”。哪怕你的棱角被磨平，至少你还可以有一个圆的灵魂。

.. O1

津津最喜欢说的话就是“我不知道想做什么”。

高考报志愿的时候，她不知道想学什么专业，父母说：“学金融吧。”她一看分数够了，就填了金融。

大学毕业那年，她不知道想选什么工作，父母说：“考公务员吧，起码是个铁饭碗，多稳定。”于是她想也没想，就回家准备考试了。

毕业几年，她不知道该找什么样的人结婚，亲戚们介绍了一个

在事业单位工作的人，工资不高，话题很少，家人说："钱多不多无所谓，稳定就好啊！"于是她想了想，就结婚了。

又过了几年，孩子刚出生不久，进口奶粉贵得离谱，她盘算着每月的工资已经入不敷出，化妆品好久没买了，跟老公商量赚点外快他也没有说话。

晚上把孩子哄睡躺在床上，津津突然想起二十岁那年，她也曾有过梦想，梦想万水千山走遍，潇洒自由看人间。

后来，她轻轻放下梦想，走进烟火家常，一心期盼着岁月静好；她循规蹈矩，习惯了安稳度日，偶尔有一种不甘心的情愫在心里作祟，最终被岁月的无底洞吞没。

她不明白为什么一步一步走下来，开心的事情越来越少了，明明生活这么稳定美好。

津津理解的稳定，意味着清汤寡水的生活和毫无斗志的日常，意味着必须把野心一把推开，给自己冠之以"岁月静好"的头衔。

好像稳定的人不配有梦想似的，但"稳定"不背这个锅。稳定不是与激情背道而驰，更不是生活捉襟见肘的遮羞布。稳定同样可以活色生香，找到自己的喜爱与专长。

你选择的稳定，不应该是无路可退，而是知晓路在前方。但是你只是想找一个风险较低、回报率较高的选项，说白了，你就是想要一个性价比之王的生活。

“我不知道想做什么。”是我听过的最可怕的自毁式预言。

你总是希望天降神兵，告诉你什么是“最正确的”，却不曾问一问自己，什么是“最热爱的”。

你很早就给自己定了一个结局，至于究竟要做成什么，那不重要，事业不过是你成功的途径。既然只是途径，那不免想寻找捷径，因此才滋生了选择的痛苦。

你二十岁出头的时候，就直接投奔了“现实”的阵营，只想要最优解，不想发掘自己究竟热爱什么。

选专业的时候你按照家长的意志来选，选职业的时候你按“热门度”来选，将来结婚，或许也会按“贤妻良母指数”来挑选对象。

当你有得选时，你不停地在按保守键，把自己的人生凝固在一种可能性里。

终于有一天你厌倦了，问生活为什么那么乏味，却忘了是你亲手把所有新鲜的、热爱的元素排除在了外面。既然你当年追求性价比，把所有的不安定因素统统割舍掉，多年后就别再费解。

世界从来如此，有人撞得遍体鳞伤也不愿意回头，有人则甘心由光芒万丈变得默默无闻；有人少年得志却败给岁月，有人甘愿平庸一生还引以为荣。

“性价比”这个词不适合用在生活里，生活有时候就是即兴发挥。

生活的妥协比你想象中容易得多，只要不计较日子的质量就好，只要放下曾经的执着就好。放弃梦想容易得很，可是万一哪一天有了变故，你是否还有赤手空拳，重新打拼的勇气呢？

.. 02

电影《美食、祈祷和恋爱》中有一句台词：偶尔失去平衡，也是一种平衡。

当你敢于毁灭原有的生活模式，才能看见转弯之后更宽广的路；当你改变了对待自己的方式，才能真正面对自己的问题。

小学语文老师，是一个不按套路出牌的人。他讲课从来不按照学校的教学计划和教科书来，总是笑嘻嘻地跟我们开玩笑说：“不要看教科书，看我就好了。”

他每一节课都会跟我们分享很多的课外知识，包括历史故事、作家的逸事，还有一些课本涉及不到的中外名著。有些很枯燥的内容经他一讲既有趣又生动，尤其古诗词，本来晦涩难懂的内容，经他一分析，想忘也忘不掉了。

他从不要求我们死记硬背，也不搞题海战术。我一直那么喜欢语文，也多亏遇到这么会讲课的老师。

从小到大，我们被无数人这样教育：做事必须按着规则来。于是便在各种条条框框里学会了循规蹈矩、按部就班地过活：勤奋努力、挑灯夜战，会取得一个好成绩；懂事听话、善解人意，会让别人喜欢；选择工作根据长辈的经验和社会的评判，能挣钱又稳定……

渐渐却失去了创新的能力，丢掉了尝试的勇气，习惯了常规的失败，离自己的目标和梦想越来越远。

你既没有活成别人想要你活成的样子，也没能活成自己想要的样子。到最后，所有的人都置身事外，留下你一个人收拾烂摊子。最可悲的是，这样的人生一开始就不是你想要的。

人生总是公平的，一辈子追求性价比的人，很难碰上真正心动的时刻。他们不知道除了“凑合”，还有“惊艳”，除了“划算”，还有“甘愿”，除了“权衡利弊”，还有“赴汤蹈火”。

“自己”这个东西是看不见的，撞上一些别的什么，反弹回来，才会了解“自己”。跟很强的东西、可怕的东西、水准很高的东西相碰撞，然后才知道“自己”是什么，这才是自我。

你要搞清楚，你自己人生的剧本，不是你父母的续集，不是你子女的前传，更不是你朋友的番外篇。对待生命，你不妨大胆冒险一点，反正你要失去它，如果这世界上真有奇迹，那只是努力的另一个名字。生命中最难的阶段，不是没有人懂你，而是你不懂你自己。

既然生活本来就不能被安排，又永远充满意外，那你为什么要揪着死理不放，让自己陷在原地呢？不如试着不按常理出牌地活一回。

.. 03

我有一个闺密 Peggy，不仅不按常理出牌，还被人说离经叛道。一年前，停了手上的工作，跑去国外浪了一年。

这一年，她基本上属于失联状态。前两天，她玩完回来了。约了三五好友，问我们，她离开的这一年，有没有什么新鲜事。

我们争先恐后地告诉她，这一年上演的大戏，娱乐圈哪位出轨了，哪位被出轨了，哪几位人设崩塌了……在我们唾沫星子乱飞的时候，她淡淡然地说："就这点事啊，没劲！"

"啊呀，出去浪了一圈儿回来，竟然看不上我们这些小情小趣了！"我们不停地翻她白眼。

"但是这些和我们有什么关系呢！"

所有人都沉默了，然后问她，这一年在外面玩得怎么样。

她想了想，然后一脸坏笑地说："你们苦战通宵游戏时，我看着布里斯班的灯鱼已划过珊瑚丛；你们挤上早高峰的第一班地铁时，我看见蒙巴萨的小蟹刚溜出渔夫的掌心；你们周旋于头脑风暴时，布拉格的电车正摇着铃载着我晃过金色夕阳；你们挤进汹涌的食堂时，哥本哈根的街头画家完成了我的立体画……"

我们气坏了，这不是拿段子羞辱人吗！

被我们轮番轰炸了一顿后，Peggy说，这一年，她基本上跑遍了大半个地球。虽然不像上面说得那么细致，也是真的去了很多地方，在法国的时候刚好赶上了音乐节，也跟着大喊大叫了几天……

她居然清清楚楚地记得每一个月每一天怎么过的，见过什么人，听过什么样的故事。

她问我们，你们呢？

大家面面相觑，羞愧不已。除了说出几个八卦之外，完全想不起来这些日子都是怎么飞速流走的，她走之前，大家就在关注这些和自己八竿子打不着的人和事，一年后，还在重复着这样的生活。

我们常常抱怨生活的无趣、平庸和琐碎，但毫无质量的生活就是这样造成的：百分之九十九的精力和时间都在关心那些和自己无关的人和事，而忽略了那仅有的百分之一最该认真对待的部分——自己的生活和所爱的人。

而 Peggy，一年里不关注与自己无关的八卦非但没有任何损失，还因为专注在自己喜欢的事情上面，获得更多。

Peggy 说："回来之后，我才明白一件事，我们不是真的渴望旅行，我们不是真的渴望看山、看水、看风景，只是我们被生活束缚、捆绑太久，我们需要找回真正的自己，这大概便是旅行的意义。"

原来一个真正成熟的人，是会判断并且摒弃那些和自己无关的事，过着真正简单的生活。

每个人的生命都是一个空罐子，如果你不用自己喜欢的东西装满，时间一到，别人就会往里面丢垃圾，以保持他自己的罐子里能腾出空间来放好东西。

这些年，你总说好辛苦，焦虑、拼命、幸福感特别低。因为你总是用各种约束，让自己追赶起来，紧张起来。

你不一定非要变成那个从前厌恶的自己，能回过头来找到自己真正喜欢的东西，才是真的成熟。

买得起自己喜欢的东西，去得了自己想去的地方，不会因为身边人的来或走损失生活的质量，反而会因为花自己的钱，来得更有底气一些，这才是你努力生活的原因。

.. 这世界多数人想要，只有少数人敢要

没有一飞冲天的幸运，没有一夜成名的捷径，没有一夜暴富的神话，有的只是枯燥无味，甚至无聊得有点残忍的积累。

.. 01

前两天，有同事在公司群里发了一张书店的照片。书店装潢得很漂亮，陈列也很有格调，我下意识就回复了一句："好喜欢，想去那里加班。"但是五秒后，我马上意识到不妥，于是快速撤回。

我也在想，是不是自己的心态有点夸张了。因为那一刻，我害怕的是大家也把我当作那种"假装上进"的人，然后贴上标签。

我把这件事分享给朋友，他马上就回了我一段话：我早就发现了，现在这个社会，对人苛责到有梦想不敢说，多努力不敢提。你

得先吭哧吭哧地实现了，还要别人不经意发现，你还不能太谦虚，否则也会被人嘲笑。

这段话有点儿夸张了，但是我们现在确实不敢表现自己的努力了，生怕别人说自己强出头。

记得我刚刚找工作的时候，面试官问过我一个问题："你为什么想从事传媒行业？"

那时候，我不假思索地回答："因为我有新闻理想，想把更多的思考和真相带给大家。"当时脑海里一下子浮现出很多画面……带着年轻人的得意，我复述着一段段打动我的故事。

结果面试官不屑地说："新闻理想？现在刚毕业的大学生都这么幽默了吗？"

我心里明白，他没有瞧不起我的意思，他其实瞧不起的是"理想"这个词。

也不只是这位面试官，可以说"理想"和"梦想"这两个词已经在现实里坍塌了。在我们的周围，谁要是用了这些词，估计会被嘲笑幼稚。

世界上有太多懒得做、不愿做的人，无法坦然接受别人的努力与收获。他们不会承认自己不努力，他们只会对你的努力嗤之以鼻。以致下一次你想要分享自己的生活情趣、晒出自己的人生成就、表达自己的感想时，真的会产生犹豫：又会挨骂了吧。

在这样的环境下生存久了，真的不自觉就会磨掉自己的棱角。在人群中不敢太突出，怕别人指指点点；有意见想表达的时候，也会先等等看别人怎么说；怕被人比较，于是干脆习惯性装惨……

你要有很多很多钱，别人才不会说你图财；你要有很低调很低调的姿态，别人才不会说你蹭热度；你还要有很强很强的心理，这样别人骂你的时候，你才能艰难挺过去。

为什么我们越来越不敢谈论梦想，也不敢承认自己很努力这样正能量的行为？是因为怕别人嘲笑，自己很努力了，却没得到预期的结果，害怕别人说我们努力了却不成功。

阿兰·德波顿在《身份的焦虑》中曾写道：“人类对自身价值的判断有一种与生俱来的不确定性，我们在很大的程度上取决于他人对我们的看法，受制于周围的人对我们的评价。”

有时候想发条朋友圈，洋洋洒洒打了一堆字，想了想还是删除不发了，怕别人觉得自己矫情，怕别人觉得自己烦，怕别人觉得自己老发朋友圈显摆，可是我只是想记录下自己此时此刻的心情。最终我们都活在了别人眼里。

.. 02

从小到大，我都不太喜欢和学习好的孩子一起玩，人家也不喜欢和我玩，当然，这不是主要原因！

最主要的原因是：一些人真的太假了，和他们在一起特别累。

我高中在重点班，按成绩排座位。前两排是每一个追求上进的同学必争的位置。

每天早上，坐在前两排的同学，讨论的不是昨晚的英语作文和数学题，而是最新的电视剧。谁看的种类多，看的时间长，谁就在这场没有硝烟的战火中占据领先地位。

坐在我前面的同学是学习委员，好胜心极强，每天变着法讲各种电视剧的进度。不仅如此，课间休息和午休总抱着一本本言情小说啃，还逢人就介绍。

但事实上，她妈妈在家长会上闲聊的时候，和我妈妈描述：她每天做题做到凌晨两点。

而模拟考试前的课间操，简直是演技的巅峰对决。走廊里充斥着这类台词：

“我昨天玩游戏玩到半夜，根本没复习。”

“你看没看 XX 电视剧，太精彩了，一晚上就看它了。”

“我这个月上课也没认真听，这次肯定完了。”

这些就是戏精本人无疑。

然而，每次考得好的也都是这些口口声声说自己没复习的人。表面上，为了证明自己不读书也能考得好，拼命伪装自己，实际上，也是担心如果努力了却没有成功，别人会嘲笑自己。

人总希望给自己留一点余地，失败的时候起码还可以说，自己只是“没有用功”，而不是“我不行”。

不光是学习，很多事情都是这样。人们的潜意识里，为一件事拼命努力的时候，总是希望掩饰自己的努力，因为努力得来的东西，总是没有先天得来的东西那么令人羡慕。

“毫不费力”似乎比“拼尽全力”更高级。人们羡慕天生就拥有各种成功条件的人，所以拼命假装自己就是那种人。

我们描述一个人瘦的时候，总是用羡慕的口吻说，她明明吃的比我多，却那么瘦，我喝水都胖啊，真不公平啊。

我们在描述一个人聪明的时候，总是用惊讶的语气说，她根本都不学习的，裸考成绩全班第一，我整夜复习都没及格，唉，没希望了。

有句话说，你只看见鸭子很悠闲地游泳，却没看见鸭子的脚蹼在底下忙个不停。要想看起来毫不费劲，就要十分努力。

你羡慕悠闲的鸭子，一旦知道它的脚原来在下面忙个不停，也许就要怜悯它的努力了。

人的本性就是这样，总是觉得先天所得的东西，而别人又无法轻易得到的，似乎就越加珍贵。于是掩饰自己努力所得的东西，假装自己拥有天分。

英文里，gift，译为天分，礼物。也许，天分是上天的礼物。遗憾的是，上天忘了给你带你想要的那种 gift 了，那就算了吧。

承认自己很努力，承认自己很饿、很累，承认自己为了得到付出了心力和时间，又怎样呢？

世界上可能会有天生就瘦、天生就美、怎么折腾也不变样的仙女，也可能会有不努力也能比一般人厉害的天才。但是，靠努力维持住的好身材、好面孔、好成绩，一点都不逊色。

.. 03

Mandy 在朋友圈里展示的生活真的让人很羡慕，每天刷剧打游戏，依然有钱吃吃喝喝买买买。做着最清闲的工作，赚着最丰厚的工资。

我一直很佩服她，直到有天清晨撞见她加班刚回来。我们住同一幢楼。

她慌忙和我解释："昨天公司聚餐，他们非要去 KTV 唱歌，唱了一晚上，这个点才回来。"

实际上刚刚我碰见她的室友，室友说她平时都加班到很晚，有时候通宵加班。我没拆穿她，点点头："赶快回去休息吧。"

因为害怕别人突如其来的关心，怕别人看低自己，有时候我们会下意识选择说谎、装作很轻松的样子。

和 Mandy 相似的人在朋友圈里还有很多，每天的日子就是：吃吃喝喝，看看剧、刷刷微博。好像从来不用做正事，但现实里忙得就差脚下生风了也是这群人。我相信，这才是真实的情况。

即使有天上掉馅饼这等美事，你也必须提前锻炼身体，才能接得住馅饼。

比起隐藏自己努力的人，那些偷着努力，还见不得别人努力的人更过分。

我大学同班一个男生，其他室友在寝室的时候，他肯定不学习，要么看电视剧，要么打游戏，看到室友学习还要拉着人家一起玩。但是他自己在寝室时，抓紧每分每秒复习。

真的好吗？这样做人的格局可太小了，只在乎自己赢，最好周围的人都输，但是你周围的人，并不是你的敌人。格局中上的人，会顾及他人，自己要赢，也要和身边的人一起赢。而格局更大的人，早已超然物外，根本不在乎自己赢不赢，但因眼界和实力均已到位，虽无所谓输赢，却也绝不会输。

之前看到娜塔莉·波特曼接受访谈，被问怎么看待努力和幸运。

她回答："在学校的时候，总有人得到好成绩之后还要说自己几乎都没学。我心里说，我知道你学了。世上的确有人不付出努力就能获得成功，可能是因为幸运。不可否认人需要幸运，但更需要的是努力。我觉得躲躲藏藏不让别人知道自己有多努力，很不大方，这会让努力了却没有得到回馈的人感到不公平。"

说得太好了，这个世界上的大多数人都是普通人，必须努力才能成功。

有时也免不了要接受，即使努力也可能会失败的现实。这时也许会有人嘲笑你：我要是像你那么努力，肯定比你强多了。可是那又怎么样？为什么因为有被嘲笑的可能，就把努力藏起来？是别人错了，不是努力错了。

我很反感类似"愿你贪吃不胖，愿你懒惰不惹人嫌"这样的话。事实是，我吃了就胖，懒了就惹人嫌，不学习就考倒数，不上进就没业绩。哪有那么多天生如此，不过是一直坚持努力的结果。

从小到大听过最多的一句话是：你怎么这么爱看书啊！我基本上都会回答：对啊，我就是爱看书。爱看书是好习惯，为什么要藏着掖着？

有人靠天分生活，就有人靠努力生活。有人活得轻松自在，有人就要活得拼命疯狂。哪一种都好，只愿你能够活得坦诚。

无论你活成什么样，成功也好，失败也好，只要是你自己选的，内心不拧巴，就是好人生。

.. 二十岁不功利，四十岁怎么淡泊名利

当你的能力还配不上舒适的生活时，提前享受安逸就是透支未来生活的福利，只会让你接下来的路越走越艰难。最怕明明是你不思进取，还安慰自己早已淡泊名利。

.. 01

之前煎饼大妈爆红网络，原因是和顾客发生争执，大妈硬气放言：“我月入三万，怎么会少你一个鸡蛋！”

吵架不是重点，重点是，原来卖煎饼都月入三万了？此新闻一出，立刻引来围观无数，大家纷纷站队：

有不屑一顾派：月入三万又怎样，起早贪黑那么辛苦。

有没事调侃派：请问哪里可以学做煎饼？我想学。

我觉得，重点都错了，就凭这一句话，难道不应该给这位上了

年纪还奋斗在摊位前线、志气冲天的大妈一万个赞吗?

想想我们，月入可能远不及大妈，却张口闭口谈“淡泊”，然后堂而皇之颓废在电脑前，还不遗余力做着“何以解忧?唯有暴富”的春秋大梦。

同学聚会的时候，昔日的同窗个个都意气风发、励志范儿十足：一个说着自己名下已经有多少套房，一个说着自己的主题蛋糕店今年准备再开几家分店，一个说着自己升到多高的管理层，有望成为公司股东……

这一桌酒，表面热闹、暗里较劲。少华是一桌当中，最不起眼的一个。

少华读书的时候是一个很“淡泊”的人——社团、各类比赛一概不参加，什么学生会职位都不争取，每天不是去上课，就是躲在宿舍看书，一副不食人间烟火的样子。

期末考试，大家都窝在图书馆复习，他还是如往常一样，自己在寝室待着。下课之后大家都留下复习，他一副看透世事的口吻劝诫：“你们这样为了考试而学习怎么行呢?学习应该在平时，为了拿个高分而学习，没有任何意义!”

他平时看的书格调都很高，金融、历史、哲学、科学都有，看他朋友圈，觉得他什么都懂，什么都看透了。

毕业的时候，大家忙着考公务员、研究生，挤破脑袋进国企、进世界五百强的公司，他不慌不忙找了一家广州的外企。

他描述过自己上班的生活：上午主要用于吃早餐，下午主要用于收发各类邮件，几乎没有生存压力，研发冲锋的活儿由国外总部负责，他们只要维护好国内的市场就好。

自己解决不了的事，开会大家一起解决。每天上下班准时，工资稳定，每年小幅度增长。

“我就是大企业的一枚螺丝钉。一辈子不用担心失业，每天能够喝杯茶、吃口瓜子，闲来看闲书，这就是我的美好生活。”

之前还谈着自己的“美好生活”，参加完同学聚会几天后就变样了：他做起了微商，卖的什么都有，再看他转发的文章：《你的中年危机来袭了吗》《什么都没做，还谈什么岁月静好》《那些很努力却没有成就的人都有一个特点》……

“最近怎么了？像打了鸡血似的，以前不是很淡泊名利吗？”我私聊问了他一下。

“同学聚会之后，还好意思淡泊吗！突然扑面而来一股生存压力，才发现以前的美好生活都是坑。我准备辞职了，现在一边做微商，一边投简历去大企业。现在什么都不想，只要能赚到钱，又不违法，我就去。”

最后他跟我说：“二十多岁的人谈淡泊，是没希望的！”

少华一直以来坚信的人生信条，是淡泊名利。他误解了一个事实：每次要开始奋斗的时候，他看到的是奋斗的艰辛，于是，“淡泊”就成为他停止奋斗的借口。更可怕的是，因为这个强大的借口，他让自己心安理得地躺在现状之上，失去了年轻人应该有的活力。

.. 02

上学的时候，读到陶渊明，总会被他描绘的乌托邦生活吸引。静看岁月，粗茶淡饭，不理世事，在桃花树下读书，与江中锦鲤做伴……好像这些与世无争、淡泊名利，大隐隐于市的人才是最酷的，他们的灵魂都散发着“香气”。

那时候年纪小，看的都是表面，你可以羡慕陶渊明的境界，但你也必须经历过陶渊明的辛酸苦楚，才知道什么叫真正的“淡泊”。淡泊，不是陶渊明的必然，而只是他生命中其中一个选项。

你没有陶渊明那样的家世、能力和情操，没有资格轻易谈淡泊。淡泊，从来都是高层次人士的一种追求，而不是你什么都不做，逃避现实的借口。

没经历过庸俗功利的二十岁，谁有资格坦然面对四十岁的“复得返自然”？

没有经历过惊涛骇浪的洗礼，谁有资格领会“悠然见南山”的意境？

就像一个段子说的那样：有钱而奢侈是贵族的奢华，有钱而朴素是低调的内涵；没钱而奢侈是赤裸裸的装，没钱而朴素是穷得真没辙了。

嘴里说着淡泊名利，却为了几块钱和商贩讨价还价；看到喜欢的衣服只能攥紧干瘪的钱包低头走过，这真的是你喜欢的生活吗？

张嘉佳在《老情书》里有一段话：“老和尚说终归要见山是山，但你们经历见山不是山了吗？不趁着年轻拔腿就走，去刀山火海，不入世就自以为出世，以为自己活佛涅槃来的？我的平平淡淡是苦出来的，你们的平平淡淡是懒惰，是害怕，是贪图安逸，是一条不敢见世面的土狗。”

没人不喜欢岁月静好，可是没有任何资本的时候，就要有足够的心理准备去承受岁月静好可能带来的后果。

最近听说朋友小关毅然离开了工作七年的电视台，成了创业一族。拥有了更大的团队，身边聚焦了很多和她有一样想法的年轻人，还有，赚到了更多钱。

我好奇她怎么舍得离开了工作多年的电视台，毕竟这是小关儿时的梦想。

她说："很显然，我的人生不是为了全身而退而来的。"

小关在电视台的工作可以说是非常出色的，通过自己的努力，从一名默默无闻的小记者，一点点做到了编导的位置，策划的节目在如今互联网浪潮的强大冲击下，依然不断创造收视奇迹。台里的领导都很重视她。

有人说不喜欢她的处心积虑，明明才华一般，却敢跑到领导面前要机会，什么节目都敢做，胆子太大，功利心太强了。

可是我倒觉得，身在最不缺人才的时代，假如小关年纪轻轻就把自己困在编导的位子上，没有拼命往上爬的野心，才是对自己最大的辜负。没有人会拒绝一个充满上进心的年轻人。

总有不少人，面对火速杀来的“中年危机”，吐槽着自己郁郁不得志的生活、仰望着天天高涨的房价物价，最后又以“平平淡淡才是真”来结束这个无解的话题。

对不起，这样根本不是中年危机，你只是在卖惨，loser 没有中年危机，loser 只有人生危机。仔细想想，哪有什么中年危机，只不过是年轻时埋下的伏笔。

质疑世界的功利和现实是没有意义的，放弃追求自己想要的生活更加无意义，毕竟人生不是为了全身而退来的。安然地看着比自己年轻的人拼命向前冲，占有社会资源，然后自己在“中年危机”中惶恐度日，这样的平淡我才不想要。

都还没进场呢，谈什么全身而退？都还没见过“名利”呢，拿什么“淡泊名利”？

.. 03

这个世界被马太效应所左右。好的会越好，坏的会越坏；多的会越多，少的会越少。没有什么雪中送炭，只有锦上添花。

朋友 W 毕业几年后也选择自主创业，本来一直顺风顺水，可因为一次经营上的决策失误，公司濒临破产边缘，人生陷入几乎绝望的境地。当时的 W 真是穷困潦倒，求助无门。

后来，他凭着一股不服输的劲儿度过了瓶颈期，还顺利拿到几百万的投资。突然身边多了很多愿意投资在他身上的人。

“这个功利的社会，人可真现实啊！”虽然他嘴上这么说，但是心里肯定在暗爽。

功利，就是这个社会大部分时候的真相——残酷、现实，也承认你的努力。你自己不努力的话，别人想帮你，都不知道你的手在哪儿。

如果你真的心甘情愿做一个平庸的人，那你大可不必在乎这些规则。可如果你明明不甘心、明明想赢，那就赶紧适应规则，行动起来。

只有当你真的出发之后，才会发现，你想象的星辰和大海，是要门票的；只有当你真的看过世界，才知道你向往的诗与远方真的很贵。

在最该奋斗的时候，别说“淡泊名利”“平淡是真”，你确定你现在的“平淡”撑到十年、二十年后，不会变成穷困潦倒？

你淡泊的未必是名利，只是无能为力。

不怕二十岁的你对煎饼大妈不屑一顾，我只担心你到了四十岁，在生活的一地鸡毛里才羡慕起，那些月入三万的煎饼大妈们，靠自己双手挣来的自由。

谁说可怕的“中年”来自年龄的魔咒，明明不思进取才是最大的杀手。别到年底总结的时候，发现只赚到了年龄。

淡泊名利，是踏踏实实打拼过、品尝过名利财富的滋味之后，才能达到的境界。从来没有拼搏奋斗过，就别说平平淡淡才是真。因为你根本没机会比较，拼搏奋斗和平庸的生活，到底有什么不一样。

俗话说 :“二十岁不功利，四十岁怎么淡泊名利？”

残酷的现实，迟早都要面对。有的人尝试和这个世界握手言和，通过努力得到了自己想要的生活，而有的人却在埋怨和自欺欺人中把生活弄得不尽如人意。

现实社会的枷锁一直存在，如果你内心对这个璀璨世界充满向往，想过更好的生活，那就在年轻时赶快去拼搏，等多年以后你有所成就时，才会更有底气地和这个世界握手言和。

.. 每个时代，都悄悄犒赏会学习的人

拉开人与人之间差距的，其实是学习力。学习不一定能让你站上顶峰，但至少能让你免于跌入谷底。吃得了学习的苦，生活才不会那么辛苦。

.. 01

有一段时间，我迷上了咖啡拉花。因为看了网上各种好看的拉花图片和视频，觉得很酷。于是买了大量关于咖啡的书，以及各种咖啡豆和器具。

起初每天都上网看视频，跟着学，认真动手做，还经常在朋友圈晒出自己的拉花作品，也收获了很多朋友点赞。只是好景不长，慢慢地，我丧失了学习的动力。

一方面是因为工作太忙，无法抽身；另一方面，我一开始就把它当成兴趣，至于要学到什么程度完全没有概念。

很快，这项原本信誓旦旦要学好的技能，就此搁浅了。我放弃得非常轻松，没有为半途而废感到丝毫的内疚。要是上学的时候，只要考不好，我能哭一个礼拜，然后通过拼命做题巩固提高。

为什么现在放弃得如此心安理得？为什么离开学校以后，想要学习一项技能，会这么难？

我觉得和能力、运气、智商之类的因素相比，自身的想法才是阻碍我们继续学习的最大障碍。

一个人能否成功，不是看他学历多厉害，不是看他实习经历多丰富，而是看他是否拥有一种强大的学习能力。但很可惜，很多人毕业之后就丧失了这种能力。学习和不学习的人一天两天看不出来，一年两年差距就会很明显。

学习是一种很重要的能力，却不一定就是指读书。

很多人在学习的过程会陷入一种不自知的盲目状态，一味地学习，买了各种书籍，各种课程，把自己的时间填得满满，但是并没有同大脑深入思考联系起来，只是表面沉浸在那种学习的氛围中，这样注定无法学以致用。

有学习力的人，一定是懂得独立思考的人。叔本华说：“真正独立思考的人，在精神上是君主。哪怕是再大的图书馆，如果它藏书丰富但却杂乱无章，其实际反不如那些规模虽小但条理井然的图书馆。”

一个人只有把所知结合各方面来考察，把每一个认知互相比照之后，他才能真正理解这些知识，并使其为己所用。

一个人要想对自己知道的事情加以仔细思考，他必须坚持学习新东西，但是只有那些经过深思熟虑的东西，才能成为他的真知。

这个时代已经不仅仅是大鱼吃小鱼的时代，更是快鱼吃慢鱼的时代。一个没有学习力的人，会抱着固定心态不想进步，事事都是如此，不进则退，就别怪世界把你淘汰。

.. O2

你可以拒绝学习，但是你的竞争对手不会；你之所以还没被打败，只是因为你的竞争对手太烂。

朋友洛洛这几天看起来很沮丧，询问之下，才知道是因为升职梦破碎。

洛洛在一家商场推广部任职，今年已经是第四个年头。上个月，前上司因为个人原因离职，洛洛就想，不管是凭资历还是能力，自己都应该是最有资格被提拔接任的那一个。没想到结果却让她大失所望。

"周一我一上班，就发现我的竞争对手笑得一脸灿烂。果然，没多久，老板就进来宣布，由她接替我们经理的位置。怎么会是她？这也太不公平了！"洛洛一脸愤愤不平，看得出来很受伤。

"是不是她资历比你高啊？你知道，论资排辈也是职场升职的潜规则，别太放在心上了。"

"我在公司的资历明明就比她高，平时做的事也不比她少，她有什么了不起，不就是长得漂亮吗！"

"那么你和她谁为公司创造的价值更大呢？"我问洛洛。

洛洛看着我，若有所思地说："我承认，这两年我的业绩确实比不过她，听说她前段时间刚考了营销师证书。"

我们总是想当然地以为别人的美貌里没有努力的成分，习惯性把别人的优秀当作先天条件，或者宁愿相信别人走了捷径，也不愿意承认自己不如别人，以此掩饰自己不努力的真相。

如果说年复一年不走心的机械化工作就是资历，那么洛洛确实应该升职，但是从公司角度出发，更愿意提拔拥有学习心态的人，他们关注进步，注重学习，相信能够通过勤奋、努力来收获成功。

电影《穿普拉达的女王》里，女主角安迪应聘到时尚杂志当私人助理，一开始抱着做好本分的心态。她不关注时尚，也不爱打扮，只想单纯地把它当成一份能够养活自己的工作。

但很快，她就发现，这样的心态完全应对不了上司米兰达严苛的工作要求。因为跟不上节奏，安迪不断受挫、被嘲笑。

电影中有这样一个情节。倍感委屈的安迪问设计顾问奈杰尔：“我尽力了，为什么大家这么对待我？”

奈杰尔回答说：“不是，你没有尽全力，你觉得你付出了很多，老板和同事就应感谢你，但现实是不会感谢的。你要明白，有成千上万的女孩想替换你的工作，假如你感到委屈，那就离开吧！”

安迪没有离开，而是选择了彻底的转变。无论是外在的形象，还是工作作风，她都努力与上司保持一致，甚至做到了提前预判形势，想之所未想。最终，安迪成功获得了米兰达的认可，从一名小助理升任为专职助手，成了一名高级白领。

事实上，那些通过不懈努力而获得成功的人，最后都会懂得，所有曾经看似不公正的待遇，根本原因都是在于当时的你还不够有价值。或者说，是你的价值，还小到不足以被重视。

那么，如何获得这种价值呢？

在做好日常的工作以外，你还需要让自己稀缺起来，拥有同等条件下他人所不具备的某个方面的能力。别人做不到的，你做到了，这就是你不可取代的价值所在。

当然，这样的能力绝非一时半会儿就可以拥有的，它需要你具备学习力。一个会学习的人，在任何领域都能变得强大。

这个世界看似很残酷，优胜劣汰，只用价值说话。但它也很公平，因为你的付出和用心，一定是跟你的价值成正比的。所以，别抱怨不公，想站上更高的位置，努力提升自己才是王道。

.. O3

我以前的上司，二十六岁就成了部门最年轻的主管。她大学读的专业其实并不相关，进入公司实习后，小到安排会议、接待客户来访，大到培训、参加交流会，都表现出强悍的好奇心和专注学习的洪荒之力。

五年的时间过去了，她从实习生做到部门主管，成为圈子里的传奇。而我印象最深的画面，是她常常在下班后，抱着从单位图书室借来的一摞摞书走向地下车库。

看过一个新闻，日本的一位八十一岁的奶奶可以自豪地让她的孙子说出“我奶奶写程序比你厉害”。在常规观念里，年轻人在编程上有着得天独厚的优势，充满活力、思维敏捷、脑力发达……但是，这位奶奶却在老师的帮助下，通过六个月的勤学苦练，成功地完成了她的第一款手机游戏应用。

正是那份对踮起脚尖看世界，把生活过得辽阔而不是封闭的学习力，让这位奶奶完成了看似不可思议的事。

龙应台对儿子说 ：“孩子，我要求你用功读书，不是因为要你和别人比成就，而是因为我希望你将来会拥有自己选择的权利，选择的意义，有时间工作而不是被迫谋生。”

努力学习一些技能，并不一定让你成为百万富翁，至少可以让你能选择一份喜欢的工作，让你更清楚看到前方的路，而不是被迫让工作来选择你。

一个人只有不断进行自我发掘和培养，才能拥有至高的人格魅力。

生活中没有什么是一劳永逸的，生活这所大学没有毕业证可以领，唯有学习力是永恒的幸福秘籍，为你添加燃料，确保续航能力。

人人都想要集美貌、财富和爱于一身。可是美貌这件事，不是说你从头到脚全副武装，穿最时髦的大牌，脚踩十厘米的高跟鞋就可以的。只有对世界保持旺盛的求知欲和好奇心，从修炼皮囊到构建自身学识涵养，从内而外散发出的气质，才是美的最高级状态。

这是比你花上万元做脸部保养，比健身房请六百元一小时的私教更有效的驻颜术。

过去学习是一个有期限的任务，带着被动和无奈 ；如今学习是一个无期限的过程，带着渴望和快乐。学习改变了思维，提升了品质，扩大了格局。学习力不仅是竞争力，更是一种生命力。

学点东西，心里就踏实一点，像在攒钱。万一哪天真的被命运踢到深渊里，谁会救你？只有脑子里的知识，也许可以让你编成绳索，带你脱身。

成为学霸不是目的，让学习实现人生开挂才有意义。世界会奖励有学习力的人，让他们看起来更年轻更美貌，也更有成就更幸福。

与其质疑别人的成果，不如撸起袖子大干一场，学学化妆、穿搭、多学点专业知识、多读几本书。说不定下一个光芒万丈的人，就是你。

.. 所谓的极限，都是用来打破的

淡泊和不争在很多人看来是一种很好的品质，但这也很容易给自己设置成长的天花板。没有去试图突破人生的人，不足以谈上进。不管你认为你行还是不行，你都是对的。

.. 01

前几天，几个高中同学相约见面。

志鹏显得心不在焉，吃饭的时候表情还异常痛苦。问他怎么了，他说："别提了，上火，嘴里长了好几个水泡。"

大家忙问他发生什么事了。

他说，前两天，领导提拔他为办公室主任了。

我们差点儿喷了他一脸美味佳肴，这是好事啊，你这不是晒命吗？被提拔了还长了几个水泡，让我们这些万年不升职的人怎么活。

志鹏连忙解释，说绝对不是晒命，确实上火。原来，他这个办公室主任是协调各部门工作的，而他最欠缺的就是组织能力。

“你们又不是不知道我这个人，胆小、内向、嘴笨、害羞、不喜欢出头出脑的，在人前亮相还不如杀了我。”

这话还真没错，志鹏上学的时候就不喜欢引起别人的注意。

上学时，他文章写得不错，有一次，老师找了个机会，鼓励他投稿，参加写作大赛。他为此感到欣喜，却也十分焦虑。他夜不能寐地构思，地上的草稿纸扔了一张又一张，也没写出满意的作品。

老师嘱咐他：“没关系，我看你其中好几个故事写得都挺好，直接投就行了。”

志鹏摇头：“我自己感觉还不行，这次还是算了吧。”

索性连试也没试，这场比赛不了了之。

大学毕业的第一份工作，他没干多少时间就辞职了。正常人跳槽，是为了更好的职业规划和薪资待遇。但志鹏是觉得自己的能力配不上这样好的条件，太气人了。

这份工作是亲戚介绍的，各方面条件都很好。可从开始工作到辞职，他却一直在打退堂鼓。一会儿觉得自己能力不够，要是做不好这份工作，岂不是给亲戚丢脸？一会儿又想自己真没用，居然基本工作都能出错，也许就是命中注定平庸吧。

再后来，就是现在干的这份工作，也是很不错的岗位，好不容易有了被提拔的机会，他又开始习惯性地打退堂鼓。他留给别人的，是迫不及待的认可；留给自己的，却是充满否定的怀疑。

努力去拥有更好的生活是很累，而处处否定自己却轻松又容易。

其实，从小到大我们都会面对很多自我否定的时刻。于是梦想和期待，一次次被搁浅；努力和追求，一次次被放下。究其原因，是自己给人生设置了重重障碍。

生而为人，存于社会，没主见的时候太多了。自我否定仿佛一个魔咒，贯穿我们的一生，时间一长，连自信都没了。

你有没有想过，无论是别人口中的“你不行”，还是自己口中的“我不行”，是真的不行，还是正好给了你一个逃避的借口？

这个世界上，有几个人能从一开始就神奇地精通某个领域？有几个人做任何事都会成功？不过都是在不断地自我修复、自我安慰和积极地自我暗示中，努力地补充罢了。而与之对应的自我否定，便是消极的自我暗示。

你觉得工作强度太大自己做不到，你觉得女神高高在上自己配不起，你觉得自己做出的方案太垃圾，哪怕扔掉也比让客户看到要好。他人一个眼神暗示你立刻退缩下来，他人一句负面的评判你转身就想哭。如果你不够自信，就正好落入否定的圈套。

一旦落入这种圈套，过分灌输自我否定的概念和思想，就会加深内心深处的自卑和怯懦。让你在人群中消失，话语权消失，表现欲望消失，表达能力消失。你会越来越不起眼，然后越发不相信自己，恶性循环。最后，便真的平庸地过一辈子。

看出来没有，人的失败，很多时候，其实是自废武功。

.. 02

自我设限是太常见的现象了，我认识的另一个朋友也和志鹏有同样的烦恼。她在二线城市的银行工作，每个月的工资只有两千多，她觉得很不甘心，想去大城市闯一闯，但又不确定自己有能力在大城市生活。有次微信聊天问我，自己该怎么办。

我劝她，如果做得不满意，就换个城市，换个工作环境，哪怕失败了，最坏的结果就是回家啊，但至少知道自己输在哪里了。

她飞快回复：可是我根本没有存款，经不起在大城市折腾，自己能力也很一般，万一找不到工作怎么办？

我说：找不到对口的还找不到一般的吗？先解决温饱就行了。

她说：可是还要联系面试、租房子什么的也很麻烦，老家这边离职手续也不好办。我有点害怕自己在大城市根本生存不下去。虽然现在工资不算高，但是压力也没有那么大。

几次三番下来，我放弃了理智开导，也基本确定她是不会离开现在的环境了。

所有看似不甘心的诉说，只是为了证明“我心有余而力不足”。而林林总总的借口，也无非是想让听话的人跟她一样，认为“生活就是这样，没有其他办法”。

若是心有余，自然会向着目标一往无前。奈何钱包干瘪，还未迈出一步，就想到了后面无数步的恐惧。

科学家约翰·法伯曾经做过一个著名的实验：把许多毛毛虫放在一个花盆的边缘上，使其首尾相接，围成一圈。在花盆周围不远的地方，撒了一些毛毛虫喜欢吃的松叶。毛毛虫开始一个跟着一个，绕着花盆的边缘一圈一圈地走。

一小时过去了，一天过去了，又一天过去了，这些毛毛虫还是夜以继日地绕着花盆的边缘在转圈，一连走了七天七夜。它们最终因为饥饿和精疲力竭而相继死去。

约翰·法伯以为毛毛虫会很快厌倦这种毫无意义的绕圈而转向它们比较爱吃的食物，遗憾的是毛毛虫并没有这样做。

如果毛毛虫打破原有的本能、习惯和经验，也不必付出生命的代价。

真正阻止你前进的，是你自我设限的内心。

在我看来，常常说我不行的人，也许是真没有能力。任何工作的推进都会遇到阻碍，你买衣服和老板讲价钱的时候怎么不觉得困难？

另外，人一旦习惯用一种借口，就会长此以往地坚持下去。什么我天生不适合加班、天生不适合搬东西、天生不适合动脑子啊，都没用。你怎么不说你天生不适合赚钱？

所谓的边界不过是自己赋予的枷锁，所有的不可能都只是看似不可能。消除界限的方法，无非是不断学习、扩大圈子，拥有认知、视野和人脉。

这世界上从没有谁是全副武装好之后，才迈入挑战的，而一个人生活的半径，其实并不是由他的能力或者意愿决定的，最重要的是他对世界的认知。

你无法拔着自己的头发将自己提起来，自行脱胎换骨。但至少，请在心中保留一丝警惕：我所认为的，可能是错的；我所想到的，可能是片面的；我所不知道的还有很多，除了自己去尝试之外，没有人能告诉我。

这样才能让你有勇气迈出第一步。踏出第一步，谁知道会引发什么样的惊喜？

.. O3

年轻人对成长这件事总是容易困惑，对自我改变更是充满抵触。比如有时候遇到一些不如意，就很容易给自己定性：我就是那样的人，我改不了自己的毛病。或者，我知道自己的弱点，我觉得自己做不好。

你是什么样的人，你自己真的知道吗？有一句话叫，不要让别人来定义你自己。但这句话的另外一重含义就是，你自己也不应该轻易定义自己。

如果你无法想象，是因为你没有那样地被现实逼迫过，被自己逼迫过；如果你以为只有自己需要孤独地走过成长岁月，那是因为你看自己太多，看世界太少了。

天赋决定了你能达到的上限，努力程度决定了你能达到的下限。以绝大多数人的努力程度之低，远远没有达到要去拼天赋的地步。

漫漫人生路，最适合一点点踏入曾经未触及过的禁区，一点点去丈量自己生命的尺度和深度。如果你打算得到一些从没得到过的东西，那么就得去做一些从没做过的事。

你以为老天给你的，是最酸涩的柠檬，实际上，只是你厨艺不精；当你有能力做出甘甜的柠檬汁时，就会明白所谓苦难，有时候也是最珍贵的财富。

有一种毛竹，四年也只能长到三厘米，可它真正成长是在第五年，每天三十厘米，六周之后，会变成高达十五米的参天大竹。因为毛竹最初生长的四年，是努力吸收所有养料，把根拼命向土壤里延伸的时期，它漫长而无聊，却十分关键，决定着毛竹能否蜕变。

所以改变并非一朝一夕，短期的享乐也往往比长期回报诱人的多，如果没有这个决心突破自己，就只能像有些毛竹一样，死在了那最初的三厘米。

每个人的成长都必须经历对抗。与世界对抗，与自己对抗。你不能让自己活得太舒服，你得和自己的缺点和缺陷死磕，它们是魔鬼，跳上你的肩头，告诉你只要顺从它们一切就会好起来。但你不要信，你要和它们势如水火，绝不姑息纵容，你要逆着它们的方向走，然后才会迎来真正的蜕变和奇迹。

自我改变是一件十分艰难但又令人上瘾的事情。人生的挑战永远存在，一关一关地去闯，一次一次褪掉自己的脆弱，换上新的装备、新的铠甲，“我是谁”这个答案，只会被刷新，不会被定义。

你曾经瞧不上眼的事物、价值观，最终都有可能回击你响亮的一巴掌，伴随着大把钞票——你终于明白，这是个打脸的时代。

在通向成功的路上，打脸，消肿，再打脸，再消肿，你终于变成了一个真正的胖子——灵魂丰满的胖子。

与其说，你不得不去接受从前厌恶的人和事，倒不如换一个角度：是你在跌跌撞撞中，学会谦逊，改掉自大；懂得保持开放，接纳各种可能性；用美好的眼光，去透视这个世界。

图书在版编目（CIP）数据

你的格局，注定你的结局 / 徐多多著 . —北京：现代出版社，2018.7

ISBN 978-7-5143-7169-7

Ⅰ . ①你… Ⅱ . ①徐… Ⅲ . ①人生哲学—通俗读物 Ⅳ . ① B821-49

中国版本图书馆 CIP 数据核字（2018）第131668号

你的格局，注定你的结局

著　　者　徐多多
责任编辑　赵海燕　毕椿岚
出版发行　现代出版社
通信地址　北京市安定门外安华里 504 号
邮政编码　100011
电　　话　010-64267325 64245264（传真）
网　　址　www.1980xd.com
电子邮箱　xiandai@vip.sina.com
印　　刷　吉林省吉广国际广告股份有限公司
开　　本　880 × 1230　1/32
字　　数　141 千字
印　　张　8.5
版　　次　2018 年 9 月第 1 版　2019 年 10 月第 4 次印刷
书　　号　ISBN 978-7-5143-7169-7
定　　价　39.80 元